마음의 연금술

The Power of Awakening:
Mindfulness Practices and Spiritual Tools to Transform
Your Life
by Dr. Wayne W. Dyer
Originally published in 2020 by Hay House, Inc., Carlsbad.

The Power of Awakening

행복한 이기주의자가 들려주는
11가지 인생의 깨달음

마음의 연금술

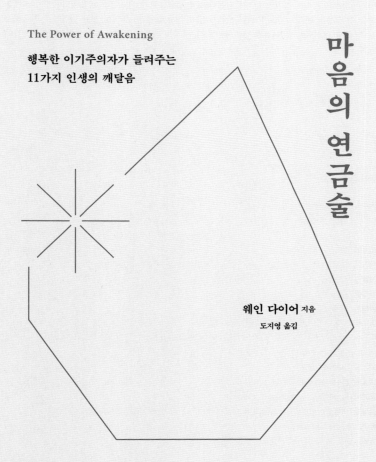

웨인 다이어 지음

도지영 옮김

비즈니스북스

옮긴이 **도지영**

이화여자대학교에서 정치외교학과 경제학을 전공했으며 연세대학교 국제대학원에서 국제통상을 전공했다. 현재 번역 에이전시 엔터스코리아에서 출판 기획 및 전문 번역가로 활동하고 있다. 주요 역서로는 《더 프랙티스》, 《START 시작의 기술》, 《데일 카네기 성공대화론》 등이 있다.

마음의 연금술

1판 1쇄 발행 2021년 8월 20일
1판 6쇄 발행 2024년 7월 3일

지은이 | 웨인 다이어
옮긴이 | 도지영
발행인 | 홍영태
편집인 | 김미란
발행처 | (주)비즈니스북스
등 록 | 제2000-000225호(2000년 2월 28일)
주 소 | 03991 서울시 마포구 월드컵북로6길 3 이노베이스빌딩 7층
전 화 | (02)338-9449
팩 스 | (02)338-6543
대표메일 | bb@businessbooks.co.kr
홈페이지 | http://www.businessbooks.co.kr
블로그 | http://blog.naver.com/biz_books
페이스북 | thebizbooks
ISBN 979-11-6254-229-3 03190

어느 날 갑자기 기적이 일어나는 게 보인다.
한번 경험하면 정말 믿기 어려운 일이다.

_웨인 다이어

힘든 시간을 건너는 당신을 위한
행복한 이기주의자의 인생 조언

_브렌든 버처드(《백만장자 메신저》 저자)

우리가 생각지도 않던 어느 날, 두려움이 몰려들었다. 인류는 위기에 처했다. 2020년 3월 말, 세계는 코로나바이러스라는 전염병에 잠식되었다. 이 글을 쓰고 있는 지금 내가 사는 곳에는 집 밖으로 나오지 말라는 행정 명령이 내려져 있다. 여기만 그런 건 아니다. 전 세계 수십억 명이 이동 제한 조치를 받고 있다.

이 책을 읽을 때쯤이면 상황이 어떻게 돌아가는지 어느 정도 알 수 있을 것이다. 어쨌든 이건 우리 모두 처음 겪는 일이다. 격리, 사회적 거리 두기, 집회 금지, 경제 봉쇄. 이제는 이런 말들에 익숙해졌다.

처음에는 경고 정도였다. 중국에서 알 수 없는 바이러스가 나타났다는 뉴스에 사람들은 당황하여 외면하거나 부정했다. 그러는 동안 전염병은 빠른 속도로 국경을 넘어 퍼져나갔다. 사람들은 공황 상태에 빠졌다. 단 몇 주 만에 여행이 제한되고 등교를 멈추고 재택근무가 시작되었다. 전 세계 곳곳에서 이동 제한령이 내려졌다.

불안정, 불확실함에 대한 두려움을 확산시키는 소식이 매일 더 많이 쏟아졌다. 사람들은 생필품을 사재기했으며 병원은 이미 환자 수용 능력을 넘어섰다. 서로를 감시하고 비난하는 말들이 넘쳐났다. 세계 경제는 벼랑 끝에 섰고 매일 뉴스의 머리기사에는 늘어나는 감염자와 사망자 숫자가 보도되었다.

전 세계 대부분 사람이 자신도 언제 어떻게 될지 모른다는 공포감, 앞날을 알 수 없다는 무력감에 지쳐가고 있다. 왜 어떻게 이런 상황에 놓였는지, 누구를 원망해야 하는지, 지금 무엇을 해야 하는지 수없이 질문하지만 어떤 대답도 확실하진 않다.

불안의 시대를 살아가는 마음
———✦———

어지러운 세상 속에서 나는 마음속 깊이 평화로움을 느끼며 이 글을 쓰고 있다. 물론 공포심과 결핍에 대한 두려움이 감정적으로 전염되었다. 하지만 다행히 내 마음과 몸, 정신으로는 침투하지 못했다. 이

상하게 마음이 차분하다. 자신감마저 느껴진다. 내 감정은 내가 책임지고 있다. 끝이 보이지 않는 위험과 확산되는 죽음 앞에서 나는 스스로 서 있다. 모든 상황이 통제될 거라는 희망의 끈을 붙잡을 필요성은 느끼지 못한다.

내가 다니는 슈퍼마켓의 생필품 진열대에는 언제부턴가 텅 빈 곳들이 눈에 띄기 시작했다. 그런데도 나는 풍요로움을 느낀다. 세계 모든 지역에서 그렇듯 어느 순간 나도 바이러스에 감염될 가능성이 있다. 하지만 나는 안전함과 충분함, 만족을 느낀다. 어디든 자유롭게 다닐 수 없어도 정신적으로는 무한히 자유롭다.

매일 수천 명이 내게 메시지를 보낸다. 그들은 겁에 질려 있다. 희망과 조언을 구하면서 종종 분노와 공포, 불안을 드러낸다. 그래도 나는 어둠의 심연으로 빠져들지 않았다. 무어라 설명하기는 어려우나 자신감을 느낀다. 나는 다른 사람을 도울 준비가 되어 있다.

낙관주의와 믿음이 나를 둘러싸고 있다. 때론 사람들에게 걱정스러움과 즉각적인 반응을 보이는 내 모습을 보며 나만 생각하고 싶은 이기적인 마음을 느끼기도 한다. 그렇지만 대부분의 시간 동안은 '어떻게 하면 다른 사람을 도울 수 있을까?'라고 나 자신에게 질문하며 보낸다.

겉보기에는 어두운 나날을 보내고 있지만 그 속에서 나는 감사와 축복의 순간을 찾는다. 이런 관점과 능력을 갖게 된 건 이 책의 저자

이자 '행복한 이기주의자' 웨인 다이어의 지혜 덕분이다. 정말이다. 나 역시 완벽한 사람이 아니며 늘 용감한 것도 아니다. 하지만 나는 지금 여기에 있는 그대로의 나로 살아간다. 온전한 나 자신의 모습으로, 자신감에 찬 긍정적인 마음으로 말이다. 그럴 수 있는 건 다이어로부터 얻은 지혜와 영향력 덕분이다.

그의 현명하고 따뜻한 가르침은 과거에도 그리고 지금도, 늘 나를 일깨운다. 특히 요즘은 더욱 그렇다. 이 불안의 시대 속에서 어떻게 살아가야 할지 나침반이 되어준다.

인생의 깨달음으로 얻은 것들

———◇———

처음 웨인 다이어의 책을 읽은 건 24년 전의 일이다. 그는 5년 전 세상을 떠났고 수많은 저서를 썼지만 지금처럼 그의 메시지가 중요한 때가 있었을까 싶다. 이처럼 혼란스러운 시기에 이 책이 전하고자 하는 바는 무엇일까? 내 생각에는 그가 생전에 자주 이야기했던 이 메시지인 것 같다.

우리는 여기에 있지만 각자 더 높은 곳에 닿을 수 있습니다.

앞으로 이야기하겠지만 우리의 마음과 정신이 깨어나 진정한 깨달음을 얻을 때 조화로움, 실천, 온전함과 기쁨을 추구하는 '높은 자아'higher self를 따르는 삶을 살게 된다.

다이어의 말에 따르면 깨달음을 얻는 데 환경은 제약이 되지 않는다. 운이 따라야 하는 것도 아니다. 그저 높은 자아를 따르는 삶을 살기로 '선택'하면 된다. 그러면 그런 삶이 펼쳐진다. 깨달음이라는 것이 쉽고 단순해서가 아니라 그냥 자연스레 일어나는 일이기 때문이다. 심지어 지금 당장 일어날 수도 있다.

어쨌든 나는 깨달음 속에서 평안한 마음을 얻었다. 어른이 된 후 내 인생은 웨인 다이어의 메시지 안에서 위로와 자유를 찾았다. 그전까지 내 마음도 참 어지러웠다. 열아홉 살 때 자살 충동을 느꼈던 적이 있었다. 고등학생 시절 사귀던 여자 친구와 헤어지면서 벼랑 끝에 몰렸다. 당시 내겐 그녀와의 관계가 인생의 전부였기에 관계가 끝나면서 정체성과 삶의 목적도 사라졌다. 때로 관계가 끝나면 모든 게 산산조각이 날 때가 있다. 그때 내가 그랬다. 나는 엉망진창이었고 삶의 방향을 잃은 채 깊은 우울의 바다에 빠졌다. 그래서 삶을 끝낼 계획을 세우고 언제 어떻게 실행할지만 생각했다.

그런데 공교롭게도 내 인생에는 다른 미래가 기다리고 있었다. 어느 날 밤 교통사고로 내가 탄 차가 고속도로를 벗어나 몇 바퀴나 굴렀다. 차 안에서 탈출하기 위해 앞유리창을 통해 겨우 빠져나와 찌그러진 자동차 위에 섰다. 다리는 온통 피범벅이었다. 현기증이 밀려왔다. 두려움이 엄습했고 이제 죽겠구나 하고 생각했다. 피에 젖은 발과 찌그러진 자동차 지붕을 내려다보았다. 갑자기 머릿속에 이런 질문이 떠올랐다.

'내가 중요한 의미가 있는 사람이기는 할까?'

시선을 들어 하늘을 올려다보았다. 하늘에는 커다랗고 아름다운 달이 떠 있었다. 그 순간 고통이 사라지고 이제 안전하다는 생각이 밀려들어 왔다. 자연스럽게 삶의 소중함과 인생의 마법에 눈을 떴다. 하늘이 내게 두 번째 기회를 준 것이다. 사랑을 잃은 슬픔에 죽음까지 생각했던 나는 더 이상 죽고 싶지 않았다. 살고 싶었다. 다시 사랑하고 싶었다. 중요한 사람이 되고 싶었다.

그날 밤부터 나는 인생을 바꾸고 더 잘 살아갈 방법을 구하기 시작했다. 몇 주가 빠르게 지나가고 몸이 회복되면서 나라는 존재에 대한 의문을 해결하기 위해 서점에 가서 책을 살펴봤다. 자기계발 서적이 있는 구역에서 웨인 다이어의 책에 마음이 끌렸다. 그가 살아 있었더라면 듣고 좋아했을 법한, 몇 번의 우연 끝에 《깨어 있는 삶》The Awakened Life이라는 제목의 오디오북을 만났다.

《깨어 있는 삶》을 읽은 뒤에 그가 쓴 《한계 없는 사람이 되는 법》How to Be a No-Limit Person, 《진정한 마법》Real Magic을 연달아 읽었다. 이 책들은 20대 때 내 마음을 열어주었다. 수년이 지나 9·11 테러 사건이 발생했을 때는 《마음의 습관》에 담은 그의 말에서 마음의 안정과 희망을 찾았다.

나는 그의 책에서 무엇을 배웠을까? 인생에서는 태도가 중요하다. 의도가 중요하다. 사랑이 중요하다. 믿음이 중요하다. 자존심, 통제, 물질주의 그리고 타인을 이기는 힘은 중요하지 않다. 주변의 사람들을 돕고 삶의 목적을 가져라. 더 높은 의식에, 더 높은 자아에 다가가라. 그리고 내면에서 고요함을 찾아라. 기적을 발견하라. 인생의 흐름에 몸을 맡기는 게 힘이 될 수 있다. 사랑으로, 신성한 마음으로 행동하라.

이런 깨달음을 얻은 후 나는 혼돈처럼 보이는 상황 속에서조차 평안함과 기쁨을 느낄 수 있게 되었다.

진정으로 자유로운 인생을 사는 법

———✦———

2003년은 내게 잊을 수 없는 해다. 다이어에게서 배운 교훈이 내 인생을 바꿨다. 당시 리더십 컨설턴트라는 좋은 직업을 갖고 있었는데 도전 의식을 불러일으키는 서비스업이라 개인적으로 아주 만족스러웠다. 나는 행복했고 정신적, 감정적, 심리적으로 건강했다.

그런데 어느 날 다른 직업에 관심이 생겼다. 작가가 되고 싶어졌다. 사람들 앞에서 강연하고 내가 쓴 책에 관한 이야기를 나누는 모습이 그려졌다. 젊지만 아직 능숙하지 않고 다이어만큼 현명하지는 않은 그런 작가의 모습이었다. 그처럼 될 수 있다고 생각하지 않았으며 그를 따라 하거나 흉내 내고 싶은 건 아니었다. 다만 다이어처럼 사람들에게 영감을 주는 일을 하며 경력을 쌓고 싶었다. 그 일이 내가 해야만 하는 일처럼 느껴졌다. 대부분의 사람은 그런 내면의 말에 귀 기울일 자유를 스스로 허락하지 않는다고 다이어는 말했다. 내가 나의 꿈에 귀 기울이기로 마음먹은 건 마음속 어딘가에서 그의 말이 영향을 미쳤기 때문이다.

크나큰 기대를 안고 첫 번째 책 《골든 티켓》의 초안을 썼다. 내 모든 걸 쏟아부었다. 내 인생의 첫 예술적 성취였다. 세상에 책을 빨리 소개하고 싶어서 기다릴 수 없을 지경이었다. 그러나 나의 바람과 달리 아주 천천히, 여러 달에 걸쳐 열아홉 개의 출판사에서 모두 출간을 거절했다. 나는 무너졌고 다시 회사원 생활로 돌아가기로 했다. 꿈을 따르는 건 그만두자고 생각했다.

그때 다이어의 《신성한 자아》Your Sacred Self 를 읽었다. 몇 달이 지나서는 《의도의 힘》The Power of Intention 을 읽었다. 그러고 난 후 나는 다시 과거로 돌아갈 수 없었다. 삶의 목표가 더욱 뚜렷해졌다. 다이어가 '진정한 자유'authentic freedom라고 말하는 상태를 향해 나아가고 싶어졌다.

내 원고를 책으로 만들어줄 출판사를 찾고 강연자의 길을 향해 걸어가는 동안 무일푼이 되었다. 오랜 고생 끝에 책을 펴냈지만 결과는 기대에 미치지 못했다. 그러나 내겐 목적이 있었다. 나는 이 직업에서 성공하기로 마음먹었다. 작가가 되기 위해 전보다 더욱 열정을 쏟았다. 꿈을 이루는 일이라면 뭐든 하기로 했다(이 책에서 이야기하는 교훈이기도 하다). 사람들이 내 작품을 알아보도록 해야 했다. 더 좋은 글을 쓰는 법, 마케팅을 잘하는 법, 사업을 시작하는 법, 충만하고 자유로운 인생을 사는 법을 배우기 시작했다.

한편 수많은 바람과 희망, 목표가 있다 해도 억지로 밀어붙이지 않는 법도 배웠다. 생전에 다이어가 자주 말했던 것처럼 "인생은 꿈"이다. 인생의 배를 젓고 저어 강 아래로 부드럽게 또 즐겁게 나아가는 건 선물 같은 일이다.

몇 년 안 되는 짧은 시간 동안 나는 편안한 마음으로 인생이 흐르는 대로 살아가면서 다른 책을 썼다. 그런데 놀랍게도 이 책이 〈뉴욕타임스〉 선정 베스트셀러 1위에 올랐다. 그러자 전국 방방곡곡에서 강연 요청이 쏟아졌고 사회적으로 영향력 있는 사람들의 코칭도 맡게 됐다. 꿈만 같았다. 나는 작가이자 강연자, 코치로서 꿈의 직업을 얻었다. 다이어의 말대로 "자신을 믿고 목적을 갖고 몰입하여 목표를 추구"했더니 갑자기 기적이 일어나는 걸 보게 됐다. 정말로 믿기 어려운 일이었다.

2010년, 마치 오랜 세월 돌고 돌아 결국 가야 할 곳을 만난 기분을 경험했다. 내가 진행하는 세미나 프로그램의 연사로 다이어를 초대했는데 그가 수락한 것이다! 우리는 행사장의 무대 뒤에서 처음으로 얼굴을 마주했다. 강연이 시작되고 나는 청중에게 그가 내 인생에 무엇을 가져왔는지 이야기한 후 매우 들뜬 마음으로 이렇게 말했다. "이제 여러분에게 마치 기적처럼 정말로 믿기 어려운 일이 일어날 것입니다." 그 후 다이어가 청중에게 각자의 기적을 향해, 신을 향해, 인생을 향해, 사랑을 향해 깨어나는 법을 연설하는 모습을 지켜봤다. 강연이 끝난 뒤 그는 나와 우리 팀 그리고 무대 뒤에서 일하는 모든 사람에게 깊은 고마움을 전했다. 그리고 우리가 곧 다시 만날 거라는 인상을 남기고 돌아갔다.

흘러가는 대로 살아가라

———✧———

1년 뒤 다이어와 함께 유럽의 명소를 둘러보는 여행을 떠날 기회가 생겼다. 그때 나는 힘든 시기를 겪는 중이었는데, 솔직히 말하면 왜 그렇게 힘든지 그 이유를 알지 못했다. 왠지 모르게 심신이 지쳐 있었지만 다이어와 시간을 보낼 수 있다는 것만으로도 가지 않을 이유는 없었다.

준비된 여행은 다이어와 그의 팬, 가족과 함께 이탈리아의 아시시, 프랑스의 루르드, 보스니아헤르체고비나의 메주고리예를 둘러보는 일정이었다. 장소를 옮길 때마다 다이어는 각 명소의 신성한 역사를 들려주었고 우리는 그곳의 기운을 느끼며 인생의 기적을 찾는 방법에 관해 이야기를 나눴다. 그 여행에서 있었던 좋은 추억을 이 책을 통해 당신과 공유하고 싶다. 다이어의 삶에 있었던 작은 장면들을 살펴보면 그가 어떤 사람인지 좀 더 알게 될 것이다.

첫 번째 기억은 모두 함께 이탈리아에 도착한 날의 일이다. 공항에서 수하물 수취 구역으로 가서 짐이 나오기를 기다렸다. 다이어도 일행과 함께 가방이 나오기를 기다리고 있었다. 여행에 참여한 사람은 그의 팬들로 80명이 넘었고 그는 이미 유명하다는 말로는 부족할 지경이었다. 그 정도의 위치에 있는 사람이라면 대개 비서가 짐을 찾고 본인은 선글라스를 쓴 채 공항을 슬쩍 빠져나와 개인 차량에 탑승해서 호텔로 향하기 마련이다.

하지만 다이어는 평소 그의 말처럼 행동했다. 다른 사람들과 똑같이 가방이 나올 때까지 서서 기다렸다. 그는 겸손하고 자립적이었다. 공항 밖으로 나왔을 때 그를 위한 개인 차량이 준비되어 있었지만 그는 정중히 거절하며 사람들과 같이 버스를 타겠다고 했다. 별것 아닌 일로 보일지 모르지만 만일 당신이 그의 명성을 알고 있다면 놀랐을 만한 일이다.

두 번째 일은 아침 식사 시간에 일어났다. 다이어는 모든 사람과 식사를 함께했다. 그리고 고맙게도 나를 옆자리에 앉게 해주었다. 나는 인생의 멘토에게 어떤 보답을 할 수 있을지 생각하며 들떠 있었다. 그의 일에 내가 어떤 도움을 줄 수 있을지 물어보고 싶었다.

당시 나는 온라인 마케팅 업계에서 혁신적이거나 화두가 되는 주제를 던지는 '사고 리더'thought leader로 일한 지 겨우 6년이 되었을 때였다. 업계 신입이나 마찬가지였고 그를 도울 만한 위치도 물론 아니었다. 하지만 업계의 다른 사람들보다는 온라인 공간을 잘 알았다. 나는 업계에 들어선 지 1년 만에 온라인 상에서 수백만 명의 학생과 팬을 이끌었고 온라인은 중요한 마케팅 플랫폼으로 급부상했다. 많은 사람이 내게 뭔가를 홍보해달라고 부탁하곤 했다. 혹시 다이어도 그런 도움이 필요할까 싶어 나는 먼저 말을 꺼냈다.

"박사님, 제가 조금이라도 도와드릴 일이 있을까요? 박사님을 위해 제가 공유하거나 홍보해드릴 일은 없을까요? 어떤 식으로든 감사의 뜻을 표하고 싶습니다."

그러자 다이어는 미소 띤 얼굴로 나를 바라보다가 달걀 요리가 담긴 접시로 눈길을 돌렸다.

"괜찮아요, 브렌든. 일이 어떻게 흘러가는지 그냥 두고 봅시다."

이것이 아마 그에게 얻은 최고의 가르침인 것 같다. 일이 흘러가는 방식을 믿어라. 지금까지 업계에서 만난 사람 중에 내게 뭔가를 부탁하지 않은 사람은 딱 세 사람인데 다이어가 그중 한 명이다. 그의 말을 나는 절대 잊지 않을 것이다.

마지막으로 세 번째 일은 그가 자녀를 얼마나 사랑하는지 알 수 있었던 장면이었다. 그는 강연하는 동안 가족들 앞에서 아버지로서, 남편으로서, 인간으로서 자신의 여정에 관해 매우 솔직하게 밝혔다. '정신적 스승'이 사람들에게, 그것도 돈을 내고 자신의 강의를 듣는 청중에게 자신도 항상 좋은 아빠는 아니었고 계속 나아지는 중이라고, 지금도 자기 자신과 세상을 탐구하고 있고 사랑의 힘을 여전히 발견하며 시간이 있을 때는 자녀와 함께하기 위해 애쓰고 있다고 말했다. 강연에서 이런 이야기를 하는 경우는 매우 드물다. 아름다운 강연이었고 사람과 일을 대하는 그의 태도를 보여주었다.

그 여행에서 그의 자녀들과 마주쳐 잠깐 대화할 수 있는 시간이 있었다. 그날 아침 달걀 요리를 앞에 두고 그와 이야기를 나누었을 때, 또 강연을 들었을 때 느낀 내 생각을 나눴다. 그들은 아버지를 무척 사랑하고 자랑스러워했다.

다이어는 가끔 이야기를 들을 때 고개를 끄덕이거나 눈을 반짝일 때가 있는데 그건 말은 하지 않아도 당신의 마음을 안다는 조용한 표시다. 그럴 때 그는 순간을 영혼으로 가득 채운다.

인생은 언제든 더 나아질 수 있다

앞서 다이어와 여행을 가게 됐을 때 개인적으로 힘든 시간을 보내고 있었다고 이야기했다. 정확히 무엇이 잘못되었는지 알지 못했다. 그냥 몸 상태가 좋지 않았다. 여행하는 동안 다음 책을 쓰려고 애썼지만 글이 잘 써지지 않았다. 머릿속에 아무런 생각이 떠오르지 않았다. 피곤했다. 답사 여행을 떠났건만 침대에 누워 있고만 싶었다.

여행을 다녀오고 호전되었다고 말하고 싶지만 그렇지 못했다. 그래서 내게 무슨 일이 일어난 건지 알아볼 수밖에 없었다. 알고 보니 여행하는 동안 뇌가 붓고 있었다. 떠나기 몇 개월 전 사륜차를 타고 가다 사고가 났는데 시속 64킬로미터 정도로 달리다 일어난 큰 사고였다. 살아남은 것만도 운이 좋았다고 생각한다. 사륜차 아래 깔렸다면 아마 죽었거나 전신마비가 되었을 것이기 때문이다. 또다시 인생의 기회를 얻은 것이다.

다만 몇 군데 뼈가 부러졌다. 엉덩이뼈가 어긋나고 어깨가 탈구되고 갈비뼈 골절에 손목이 뚝 하고 부러져 손목 전체 뼈를 완전히 재건해야 했다. 사고 후 의사들은 드러난 상처를 수습하느라 내게 의식을 잃고 쓰러진 적이 있는지는 묻지 않았다. 부러진 곳이 더 있는지 확인하기 위해 뼈를 촬영했지만 뇌를 촬영한 의사는 없었다. 나는 당연히 뇌를 촬영해야 하는 건지 몰랐다.

그 후 다이어 일행과 여행을 떠난 즈음부터 뇌가 확연히 부어오르기 시작했다. 당시에는 뇌가 붓고 있다는 건 몰랐지만 기분이 정말 좋지 않았다. 유럽 여행에서 돌아오자마자 병원을 찾았다. 증상을 이야기했더니 의사가 최근에 의식을 잃고 쓰러진 적이 있었는지 물었다. 처음에는 아니라고 대답했다. 그러자 최근에 다친 적이 있느냐고 물었다. 사륜차 사고가 생각났다.

사고 얘길 들은 의사가 뇌를 촬영한 후에야 나는 외상성 뇌 손상이라는 병을 진단받았다. 의사는 내게 뇌진탕 후 증후군을 겪고 있다고 말했다. 몸 상태가 정상으로 돌아오기까지 2년이 걸렸다. 쉽지 않은 과정이었다. 치료하는 동안 받아들임에 관해 많이 배웠고 다이어의 가르침에 다시 기댔다. 그가 출연한 영화 〈변화〉The Shift는 네다섯 번이나 봤다.

사고에 대해 말했으니 이제 그 여행에서 기억에 남은 마지막 일을 이야기하려 한다. 당시 나는 사륜차 사고 때 얻은 상처 때문에 손목 보호대를 하고 다녔다. 어느 날 밤 우리가 호텔 로비에 있을 때 여행을 주최한 유명 작가이자 출판사 대표인 루이스 헤이가 인사하러 내려왔다. 그녀를 직접 본 것은 그때가 처음이자 마지막이었다. 나는 그녀의 엄청난 팬이었다.

헤이는 내게 다가와 손목 보호대를 보고 회복의 기운을 전해도 될지 물었다. 내가 허락하자 그녀는 손목 보호대 위에 손을 올리고 내게 눈을 감으라고 말했다. 그런 후 조용히 기도하면서 따뜻한 에너지를 내게 건네주었다. 그러자 손목이 편안해졌고 온몸이 공기처럼 한층 가벼워진 듯 느껴졌다. 불과 몇 분에 불과했지만 내 마음까지 치유받은 듯했다. 그녀는 그렇게 안녕을 빌어주고 떠났다.

나중에 알게 되었지만 헤이는 그때 내가 누구인지조차 몰랐다. 그저 아픈 누군가를 보고 도우려 한 것이다. 다이어처럼 그녀도 항상 사람들을 도우려고 했다. 두 사람은 내 인생의 정말 많은 부분에 영향을 주었다.

그로부터 3년 뒤 웨인 다이어가 잠든 사이에 세상을 떠났다. 그러고 나서 2년 뒤 거의 비슷한 날짜에 루이스 헤이도 세상을 떠났다. 나는 두 사람을 존경한다. 항상 그들처럼 겸손과 사랑을 갖추게 해달라고, 다른 사람을 돕는 지혜를 얻게 해달라고 기도한다. 이제 그들은 세상에 없지만 그들이 알려준 가치는 내 안에 있다. 내 손을 뻗어 닿을 수 있는 사람들에게, 가능한 한 많은 사람에게 그들의 메시지를 전해주고 싶다.

이 글을 쓰는 지금 내 귓전에는 헤이의 속삭임이 들린다.

"당신은 당신의 인생을 치유할 수 있어요."

그 옆에 고개를 끄덕이며 미소를 띠고 파란 눈을 반짝이는 다이어의 모습도 보인다.

"우리는 여기에 있지만 각자 더 높은 곳에 닿을 수 있습니다."

행복한 이기주의자가 건네는 조언

—— ✦ ——

오늘 나는 여기에 앉아 지금은 먼 곳에 있는 멘토들의 기억을 지닌 채 이 책을 읽었다. 책을 읽는 동안 예전부터 알고 지낸 오랜 지인과 대화를 나누는 기분이었다. 인생에서 중요한 건 무엇인지, 무슨 일을 할 수 있는지, 인생이 얼마나 아름다운지 다시 한번 떠올리는 시간이었다.

이 질문들은 지금 이 순간, 우리에게 정말 필요한 메시지다. 사실 코로나바이러스 때문에 세상은 단 몇 주 만에 거꾸로 뒤집혔다. 우리가 누구인지, 서로에게 어떤 의미인지, 미래에 어떤 일이 일어날지 그런 개념도 완전히 달라졌다. 전 세계 사람들은 '경험'을 재정의하는 과정에 있으며 이는 불안하고 두렵고 쉽지 않은 일이다.

2020년이 시작될 때만 해도 나 역시 여러 일을 계획했지만 많은 것이 정말 빠르게 변했다. 하지만 이번 위기는 새로운 삶을 계획하고 높은 비전에 눈을 뜨고 자신의 존재를 경험할 절호의 기회다. 다이어가 말했듯 "지금 여기서 일어나는 일의 본질은 우리의 정체성이 변하고 있다는 것이다. 과거에 의미가 있었고 동기를 부여하던 행동이나 일은 더는 중요하지 않다".

지금 상황을 이보다 더 잘 묘사할 수 있을까? 이 책을 통해 당신은 다이어가 지금과 같은 상황에서 우리에게 들려주었을 법한 보석

같은 지혜를 수없이 발견할 것이다. 그러니 이 순간을 미래에 도전하고 인생 경험의 폭을 넓히는 시간이라고 생각하자. 너무 주제넘은 소리가 아닐까 싶지만 나는 그의 어떤 책이라도 지금 세상에 적용할 수 있다고 말하고 싶다. 위기든 기회의 순간이든, 좋을 때든 나쁠 때든, 젊을 때든 나이 들었을 때든 그의 책은 언제나 지금 여기의 지혜다.

아마도 다이어는 코로나바이러스로 어려움을 겪는 사람들에게 이렇게 말했을 것이다. "(어떤 이는) 인생에서 주어진 환경이 내면세계를 결정하도록 내버려둡니다. 그래서 외부적인 조건을 이유로 화내거나 상처받고, 우울해하거나 슬퍼하고 두려워합니다." 한편 깨달음의 순간을 경험하고 같은 상황도 다르게 생각하고 느끼는 사람들이 있다. "(이들은) 문제나 어려움, 장애물을 같은 방식으로 보지 않습니다. 대신 에너지가 변화하는 일이라고 생각하죠. '이 문제가 곧 흩어져 사라질 일이라는 걸 알아. 항상 그렇듯 말이야. 내가 감당할 수 있다면 이런 문제를 통해 무엇을 얻을지 확인할 기회야.' 이렇게 말입니다."

다이어는 두려움의 순간을 마주하고 있을 때 다음과 같은 말을 되뇌라고 말한다. "나는 나를 괴롭히는 것보다 큰 존재다. 나는 내가 겪는 어려움보다 큰 존재다." 그리고 우리에게 이렇게 말했을 것이다.

자신을 확인하지 않고 인생을 관찰하는 법을 배울 수 있을까요? 믿기 힘들지 몰라도 바로 자기 자신을 알아갈 때 더없는 기쁨이 있고 높은 인식이 있으며 진정한 자유가 있습니다.

또 다이어는 요즘 우리가 집에서만 머무르고 있다는 사실을 안다면 이런 제안도 할 것이다.

인생의 아름다움을 음미하는 시간을 가지세요. 사색하는 시간을 가지세요. 여기는 광활한 우주라는 점을 떠올리는 시간을 가지세요. 모든 것에 지혜가 담겨 있습니다. 그리고 마주하는 모든 일에 감사할 거리가 있습니다. 내면의 세계를 비판, 회의, 의심, 괴로움, 고통으로 채우기보다 항상 선택의 여지가 있다는 점을 생각하세요. 모든 생각은 통제할 수 있습니다. 생각하는 대로 일이 펼쳐진다는 점을 일단 마음에 새기면 잘 안 되는 일을 생각하는 것보다 감사하는 일에 관심과 에너지를 쏟을 수 있습니다. 그러고 나면 인식이 높아졌다는 걸 알게 됩니다.

그러면서 항상 걱정하고 모든 것을 통제하려 애쓰는 게 최선은 아니라고 말해줄 것이다.

에고는 말합니다. '모든 걸 걱정해야만 해.' 하지만 높은 자아는 이렇게 말하죠. '지금보다 더 몸을 낮춰 타인을 배려하고 인생의 흐름에 몸을 맡기며, 다른 무엇보다 중요한 정신적 목표를 세운다면 그리고 내가 이 세상에 온 목적이 있다는 걸 안다면 감정이 상하는 일은 없을 거야.'

이 어려운 시기에 우리는 무엇을 기억해야 할까? 아마도 그는 세상의 좋은 부분을 바라보는 일부터 시작하라고 할 것이다.

내면의 높은 자아가 세상의 그릇된 부분이 아니라 옳은 부분에 집중할 때 생산성은 더 높아집니다. 부정적인 기운은 흘려보내고 에고와 자아도취의 방해를 피하면 우리는 더 강해지고 평정심을 잃지 않으며 평온함을 느낄 수 있습니다.

그러기 위해서는 어떻게 해야 할까? 구체적으로 무엇에 집중해야 할까? 아마도 다이어는 눈앞에서 벌어지는 극적인 일, 좋은 일, 지금 여기서 일어나는 일에 집중하는 것도 중요하지만 그보다 내면을 들여다보고 마음속으로 미래를 그려야 한다고 답했을 것이다. 용기를 내어 스스로에게 다음 질문을 던져보자.

내가 인생에서 펼치고 싶은 일은 무엇일까?

지금 정서적으로, 정신적으로 확장된 나의 모습과 반대로 마음을 닫은 나의 모습을 상상해보자. 그리고 다이어는 더없는 행복을 따르고 다른 사람을 도와야 한다고 말할 것이다. 그랬을 때 모든 일이 훨씬 더 쉬워진다고 그는 말했다.

더없는 행복을 따르고 다른 사람을 돕는 일에 집중할 때 성공, 성취, 성과 등 당신이 그토록 찾아 헤매던 것을 얻을 수 있다는 게 인생의 큰 아이러니입니다.

하지만 낙담하거나 혼자라고 느껴질 때는 어떻게 해야 할까? 그는 그때야말로 사람이라는 존재가 얼마나 서로를 필요로 하는지 다시 알게 되는 축복 같은 순간이라고 말할 것이다. 모든 사람은 이어져 있고 서로가 서로에게 필요한 존재다. 우리는 서로를 돌봐야 한다.

다른 사람을 도우며 인생의 올바른 목표를 향하고 있다면 비로소 평온함을 이해할 것입니다.

물론 다이어가 지금 이 순간의 우리에게 어떤 말을 했을지는 아무도 알 수 없다. 다만 우리가 태어나 존재하는 이유와 살아가는 목적이 있다는 사실을 말해주리라는 건 상상할 수 있다.

그런 신의 힘 혹은 사랑의 힘이 제가 가진 것이고 제가 여기 있는 이유입니다. 글쓰기부터 강연, 방송 출연까지 제가 하는 모든 일은 어떤 식으로든 사람들에게 안정과 평화, 조화로움을 느끼게 해주고 싶다는 내면의 소망이 그 동기였습니다. 개인적으로 제가 이 세상에 태어난 이유는 자기 신뢰를 가르치는 일에 있다고 생각합니다.

우리는 나 자신의 중심과 평온함, 조화로움을 찾고 자신을 믿어야 한다. 어떻게 시작해야 할까? 다이어라면 명상을 추천할 것이다.

명상 덕분에 저는 평화로움, 고요함 그리고 에너지를 얻었습니다. 명상하는 과정에서 제 삶의 목적이 사람을 사랑하고 돕고 베푸는 것임을, 이를 기준으로 모든 말과 행동을 평가해야 한다는 것을 알았습니다. '나는 지금 사람을 사랑하고 돕고 베풀고 있는가?' 사실 우리는 모두 베풀기 위해 이 땅에 태어났다고 믿습니다. 뭔가를 얻기 위해서가 아닙니다. 명상을 하면 신성한 에너지를 통해 모든 사람이 서로 위하며 조화를 이루기 위해 이곳에 존재한다는 사실을 알게 됩니다.

또한 그는 지금의 두려운 순간이 지나간 뒤, 즉 팬데믹이 끝나고 우리가 다시 안정을 찾았을 때 그리고 또다시 불확실한 상황에 노출되었을 때 이런 조언을 했을 것이다.

반드시 내면의 신성함을 믿어야 합니다. 흐름에 몸을 맡기고 일의 결과에 집착하는 마음을 버려야 합니다. 정말 어려운 일이지만 말이죠. 우리는 그저 평화롭게, 기쁨과 행복을 느끼는 상태여야 합니다.

우리는 언제나 그가 쓴 책을 어느 것이든 골라 읽고 각자 답을 찾을 수 있다. 계속 그의 책을 읽기를 바란다. 하지만 걱정하지 마라. 모든 답을 다 찾아야 하는 건 아니다. 인생은 답을 찾는 게임이 아니기 때문이다. 그저 깨어 있고 지금 그대로의 모습으로 존재하면 된다. 다이어는 윙크를 하며 "이건 자기계발이 아니라 자기 깨달음의 문제"라고 말했을 것이다.

이 글을 쓰면서 내가 얼마나 그를 그리워하는지 새삼 깨달았다. 그를 실제로 본 것은 몇 번 되지 않지만 어른이 된 후부터 그의 글과 강연을 통해 매년 그를 만났다. 추천의 글을 쓰면서 그의 일생과 연대표 그리고 그의 인생이 얼마나 많은 사람에게 영향을 주었는지 쓰고 싶었다는 점을 고백한다. 하지만 사람의 유산은 이야기에 따라, 사람에 따라 다르게 기억된다는 점을 알기에 그저 그가 내게 어떤 의미였는지, 그로부터 무엇을 배웠는지 쓰겠다고 마음먹었다.

이 글은 그의 세계로 나 있는 나만의 작은 창문이다. 이 기억들이 얼마나 소중한지, 그의 유산을 전하는 작은 일이나마 할 수 있어 얼마나 감사한지 모르겠다. 당신이 이 책을 한 장, 한 장 읽는 모습이 그려진다. 당신도 다이어의 글을 통해 얻은 교훈이나 인연이 있다면 무엇이든 주변 사람들과 함께 나누기를 바란다. 그렇게 그의 목소리가 많은 사람에게 전해지겠지만, 지금 그에게 전화를 걸어 단 한 번만이라도 그의 진짜 목소리를 들을 수 있으면 좋겠다. 그에게서 인생을 더 편안하게 살아갈 방법, 온갖 두려움과 이기심, 혼돈에서 깨어날 방법, 불화보다는 신성함에 다가가는 길을 선택하는 법을 듣고 싶다. 그래서 선물처럼 주어진 삶이라는 강에서 진정으로 충실하게 우리의 배를 즐겁게 젓고, 젓고, 저을 수 있었으면 한다.

깨고 나면 인생은 꿈이다.

차례

제1장
나는 마음의 버릇을 고치기로 했다

제2장
겉으로 보이는 것들에 흔들리지 말 것

일러두기

• 본 도서에서 언급된 참고 도서 중 국내에서 번역 · 출간된 단행본은 번역서의 제목을 따랐으며 미출
  간 단행본은 원서명을 직역하고 원어를 병기했다.

• 본 도서 원문의 일부 내용은 언어 · 종교 · 문화적 배경의 이해 없이는 제한적으로 해석될 수 있어
  일상적 표현으로 풀어내 담았다.

제1장

나는 마음의 버릇을
고치기로 했다

내 인생의 오랜 목표는 형이상학을 파악하는 일이다. 인생, 자아, 깨달음 같은 주제 말이다. 사람들이 알쏭달쏭하게 느끼는 개념을 알기 쉽게 설명하고 모두가 이를 활용하길 바란다. 인류가 배우고 알아야 할 중요한 개념들이 왜 설명하기 어렵거나 수수께끼처럼 느껴져야 할까?

책을 시작하기 전에, 앞으로 내가 이야기할 내용을 마음을 열고 들어달라고 말하고 싶다. 스스로 한계선을 그어놓고 선 밖으로 벗어나길 주저한다면, 안전하다고 느끼는 영역 안에서만 있고 싶다면 이제 더는 그렇게 생각하지 않도록 하자. 새로운 경험에 마음을 열어라.

편안한 곳에만 머무르려 하지 마라.

우리는 인간이라면 할 수 있는 모든 경험을 다 해볼 수 있는 놀라운 능력이 있다. 사실 그건 쉬운 일이다. 인간이라는 존재의 1퍼센트밖에 안 되는 신체에서 벗어나, 즉 자신을 둘러싼 껍데기 밖에서 자신과 타인을 볼 수 있도록 관점을 바꾸기만 하면 된다.

《믿는 만큼 보인다》You'll See It When You Believe It라는 책을 쓴 적이 있다. 나는 이 책 제목에 전적으로 동의한다. 보이는 것만 믿으면 제한된 정보만 얻는다. 하지만 믿는 만큼 보인다는 걸 이해하면 모든 생명체 너머의 우주에 특별한 지식이 있음을 알게 된다. 다른 사람이 보는 것 이상을 볼 때 갑자기 기적이 일어나기 시작한다. 정말 믿기 어려운 일이다! 자신이 손으로 만질 수 있는 것보다 훨씬 더 큰 사람임을 알게 된다. 겉모습이나 육체적 감각으로 알아낼 수 있는 것 이상의 사람임을 깨닫는다. 자신이 훨씬 크고 위대하며 엄청난 존재라는 사실을 이해하게 된다.

모든 생명체에서 그동안 몰랐던 특별한 지식을 알게 되거나 특별한 사랑을 느끼면 모든 사람과 사물을 받아들이고 친절하게 대하게 된다. 곧 새로운 관계를 맺고 새로운 기쁨을 느끼며 전에는 가능할 거라 생각조차 해본 적 없던 일을 해낸다. 그러고 나면 기적을 보고 놀라기만 하지 않고 기적을 '기대'한다. 그렇게 깨달음을 얻고 깨어나면 인생이 달라진다.

나도 내면의 진화를 경험했다. 한때 내 머릿속에서 절대 불가능하다고 여겼던 일이 지금은 준비된 듯 나를 기다리고 있다. 원하면 언제든 얻을 수 있다. 내가 내면의 진화로 느끼고 얻은 것들이 무엇인지 이야기하고 당신의 내면에서도 나타나길 바란다. 이 책은 그런 깨달음의 힘에 관해 이야기하고자 한다.

눈에 보이는 게 전부가 아니다

'깨어난다'는 건 얼마나 멋진 개념인가! 자면서 꿈을 꿀 때 그게 꿈이라는 걸 알 수 있는 유일한 방법은 잠에서 깨어나는 것뿐이다. 깨고 나면 전혀 다른 세상에서, 전혀 다른 경험을 하고 있음을 깨닫는다. 여기서 이야기하려는 것도 그와 비슷하다. 깨어나는 과정에서 우리는 지금까지 살아왔던 꿈속 세상을 돌아보게 된다.

깨어났다는 걸, 더 높은 차원의 의식이 우리의 인생을 관장하고 있다는 걸 어떻게 알 수 있을까? 이를 위해 거쳐야 할 몇 가지 단계가 있다. 여기서는 나이, 성별, 직업 등 우리의 겉모습과 관련된 건 그무엇도 상관이 없다. 중요한 건 상황을 다르게 인지하게 된다는 점이다. 사람들의 약점이 분명하게 보인다. 오래전부터 전해 내려온 믿음과 규칙이 이제 더는 의미가 없음에도 사람들이 여전히 고수하는 모습을 보게 된다. 심지어 자기 안에서도 그런 면을 보게 된다. 더는 적용되지 않는 규칙, 누군가 씌워놓은 규칙을 바탕으로 처신하는 나를 볼 때가 있다. 그때 스스로에게 화를 내지 마라. 좋다거나 나쁘다는 판단을 내리거나 집착하지 마라. 그저 있는 그대로를 바라봐라.

앞으로 이야기할 새로운 사고방식은 정말 놀라운 것이다. 이런 사고방식을 얻으면 내가 옳거나 상대방이 옳거나를 벗어나 극적인 자유로움을 느낀다. 누군가 내 의견에 반대해도 그에 맞서 싸우거나 설득하는 대신 마음속으로 이렇게 생각한다. '그래, 저 사람이 지금 있는 곳이 저기야.' 다시 말하지만 좋고 나쁨은 판단하지 마라. 그저 그대로를 바라봐라.

그러면 모든 생명에 믿기 어려울 정도의 사랑이 생긴다. 깨어남의 과정을 시작할 때는 이런 변화로 거의 압도될 정도다. 살면서 가장 행복했을 때, 아직 어린아이였을 때 느꼈던 사랑과 비슷하게 사람을 사랑하게 된다. 심지어 적이나 경쟁자(더는 이런 단어를 쓰지 않겠지만)인 사람도 사랑하게 된다. 세상 사람들 한 명 한 명에게서 위대함과 소중함을 느끼고 누구도, 무엇도 다치기를 원하지 않게 된다.

언젠가 해변을 걷다가 한 남성이 소년에게 낚시하는 법을 가르치는 모습을 봤다. 그는 물고기 한 마리를 잡았는데 너무 작았다. 그래서 다시 바다에 놓아주려다가 그만 낚싯줄이 엉켰다. 남자가 낚싯줄을 푸는 동안 물고기는 해변에서 숨을 쉬지 못한 채 몸을 팔딱였다.

하지만 남자는 엉킨 낚싯줄을 푸는 일에 집중하고 있어서 물고기는 완전히 잊은 듯했다. 그는 낚싯줄을 풀면서 아이에게 낚싯줄에 관해 이야기하고 있었고 나는 그가 이 물고기를 어떻게 할지 궁금해하며 잠시 서서 지켜봤다.

모든 생명이 소중하다는 마음이 있었다면 그는 일단 물고기에 걸린 낚싯바늘을 부드럽게 뺀 뒤 바다로 돌려보냈을 것이다. 하지만 그는 낚싯줄이 엉겼다는 생각에만 빠져 있다가 겨우 물고기가 생각난 듯 말했다.

"자, 이 물고기 돌려보내자."

그렇게 돌려보낼 때까지 그는 물고기를 2분 정도 고통 속에 두었다. 그리고 풀려난 물고기는 금방 다시 해변으로 밀려 올라왔다. 남자는 이번에도 눈치채지 못했다. 그래서 나는 그곳으로 가서 그 작은 물고기를 주워 든 후 살펴봤다. 물고기가 여전히 살아 있었기에 해변에서 20미터가량 바다로 들어가서 풀어주었다. 마침내 물고기는 필요한 걸 얻었고 바닷속으로 잽싸게 사라졌다.

나에게도 남에게도 얽매이지 않는다

—— ✦ ——

깨어나기 시작하면 이런 행동을 자주 하게 된다. 사람에게든, 물고기에게든 모든 생명에 동정심이 든다. 그렇다고 반드시 채식주의자가 될 필요는 없다. 더 인도적인 방식으로 생산된 고기를 찾으면 된다. 깨어남을 경험하면 개인적인 도덕관이 바뀌며 새로운 기준을 세우기 시작한다.

나는 내가 반드시 옳다는 과거의 기준을 내려놓았다. 다른 사람의 어떤 점이 틀렸는지 지적하고 콧대를 꺾겠다는 마음이 크게 줄어들었다. 이제 나는 하고 싶은 말을 쉽게 참는다. 누군가 때문에 화가 나거나 짜증이 나는 일도 자연히 줄었다.

깨어남으로써 달라지는 또 다른 점은 사람에 대한 집착이 줄어든다는 것이다. 특히 어떤 식으로든 자신을 통제하려 했던 사람에게 더는 집착하지 않게 된다. 새로운 사고방식과 만물에 대한 연민으로 과거에는 분명하지 않았던 것들이 보이기 시작한다. 모든 사람이 내 편이어야 한다고 집착하지 않는다. 누군가의 통제를 받아왔다면 더는 그런 관계가 필요하지 않다는 사실을 알고 관계를 정리한다. 처음에는 마음속으로 관계의 끈을 놓는다. '앞으로는 그 사람의 말(행동)에 좌지우지되지 않을 거야.' 처음에는 좀 불편해도 시간이 흐르면 곧 마음속에 평화가 찾아오고 그런 관계를 완전히 떠나게 된다.

깨어남의 가장 큰 핵심은 이제 나를 아무런 꼬리표 없이 바라볼 수 있다는 점이다. 더는 나 자신을 직책이나 결혼 여부 또는 재산 등으로 정의하지 않는다. 나를 특정한 무언가로 정의하지 않는다. 늘 내 뒤에 붙어 다녔던 꼬리표, 예를 들면 '나는 대학을 나왔어. 나는 전문 직이야. 나는 남편이야. 나는 아버지야. 나는 남자야'가 이젠 없다. 오히려 나라는 존재에 형체가 없음을 깨닫는다.

또한 문제점, 어려움, 장애물도 전과 같은 방식으로 바라보지 않는 다. 이제는 그런 것들을 전환의 관점, 즉 한 에너지가 다른 에너지로 바뀌는 것으로 본다. 예를 들면 이런 식으로 생각한다. '이 문제는 곧 흩어져 사라질 거야. 항상 그렇듯 말이야. 내가 감당할 수 있다면 이 걸 통해 무엇을 얻을 수 있는지 확인할 기회야.'

예전에 여행 중에 호텔 방 열쇠를 잃어버렸던 적이 있었다. 그런 일이 생기면 몹시 짜증이 나던 시절도 있었지만 이젠 그런 일이 생기 면 시험에 들었다고 여긴다. 그런 일은 곧 해결되리라는 걸 알기 때 문이다. 열쇠를 찾지 못하더라도 다른 열쇠를 얼마든지 받을 수 있 다. 그런 생각을 하다 보니 20초도 채 지나지 않아 열쇠를 찾았다. 열 쇠는 그냥 나타났다. 간단한 예지만 이렇게 생각하기를 연습할수록 실제로 문제가 금방 사라진다는 걸 알게 된다.

마음만 열면 모든 게 가능해진다

—— ✧ ——

깨어남을 경험하면 흔히 '한순간'in an instant이라고 말하는 개념을 알게 된다. 한때는 모호하고 이해하기 어려웠던 일을 어느 날 '한순간에' 이해하는 것 말이다. 이는 자신을 활짝 여는 것으로써 전에는 한 번도 경험하지 못했던 일을 겪는 것과 같다.

몇 년 전 인도의 한 고전을 읽었는데 그때는 아무것도 이해하지 못했다. 그런데 얼마 전 그 책을 다시 읽었더니 한순간에 전부 완벽하게 이해가 되었다. 또 전에는 서점에 가면 철학이나 유심론 혹은 형이상학 같은 부류의 책이 진열된 구역은 피해 다녔다. 그러면서 이렇게 생각했다. '제발! 보거나 만질 수 없는 건 존재하지 않는 거라고. 세상에 있는 것, 그게 전부야.' 그러다 어느 순간 그런 책이 꽂혀 있는 곳으로 발걸음을 옮기기 시작했다. 이제는 한 번에 네다섯 권씩 사서 밑줄을 그어가며 읽는다. 예전에는 '이건 뭐지? 이 사람, 뭐라는 걸까? 그는 자신을 어떻게 생각하는 거지? 지금 농담하는 건가?'라고 생각했던 책들을 한순간에 이해하고 받아들이는 것이다. 지금의 나는 그런 책을 읽고 이해한다. 완전히 다른 방식으로 사물을 본다.

깨어나기 시작하면 사물을 바라보고 접근하는 방식이 순간 새로워진다. 과거의 경직된 마음이 사라졌기 때문이다. 가장 심각한 경우는 아무것도 모르면서 그냥 거부하는 것이다. 어떤 사람은 일생을 그렇게 보낸다. 이미 굳게 믿고 있는 내용과 충돌하지 않도록 새로운 것을 계속 막으면서 말이다.

반면에 어떤 사람은 한순간에 마음을 연다. 그리고 그런 순간은 어디서나 일어난다. 강의를 듣다가, 책을 읽다가, 친구와 대화를 나누다가, 심지어 낯선 사람을 만나다가도 그런 순간이 찾아온다. 마음을 열었기 때문에 그런 순간은 여러 방식으로 자주 나타난다. 마음을 열면 전에는 흐릿하던 것을 이해할 기회가 생긴다.

우리가 모두 하나라는 걸 깨달으면 너와 나 사이의 경계가 무너진다. 최근 우편물 하나를 받았는데 그 안에 정말 아름다운 지구의 사진이 들어 있었다. 그리고 지구 주위에 이런 글이 있었다. '세상이 둥글다는 걸 이해하면 편 가르기를 하지 않는다.' 맞는 말이다. 우리는 모두 하나의 지구에 살고 있다. 우리가 태어난 지구는 하나라는 사실을 알 정도로 멀리서 보면 우리도 하나이고 모든 인류가 하나다. 우리는 인류라고 불리는 몸 전체를 구성하는 하나의 세포다.

이렇게 인식하면 예전에 나와 타인을 구별하던 기준을 더는 의식하지 않는다. 모든 경계가 흩어지고 만나는 사람마다 나와 다른 점을 찾는 게 아니라 나와 이어지는 점을 찾는다. 그렇게 연결된 점만 보기 때문에 나와 타인을 가로막던 장벽이 무너지고 사람들에게 손을 내민다. 그리고 세상의 모든 사람이 어떤 식으로든 이어져 있다고 여긴다.

여기서 진짜 일어나는 일은 개인적 정체성의 변화다. 다시 이야기하지만 더는 나 자신에게 꼬리표를 붙이지 않는다. 이제는 작가, 남편, 아버지 같은 이름이 아니라 높은 의식으로 사람들과 함께하는 존재가 된다. 사람들은 각자의 인생길을 걷고 있으므로 나와 다른 곳에 서 있을 수 있지만 그렇다고 그들과 나를 구별할 필요는 없다.

사소한 것에 연연하지 않는다

깨어나면 전에는 의미를 느끼고 동기를 부여하던 행동과 일도 더는 중요하지 않다. 지금까지 살면서 정말로 중요하다고 생각했던 일을 떠올려보자. 나는 괜찮은 집단에 속해 있는가? 친구들이 나를 좋아 하는가? 나는 어울리는 옷차림을 하고 있는가? 지금 내가 적절한 모 임에 나가는 건가? 한때는 매우 중요했던 일들이 더는 그렇게 느껴 지지 않는다. 그리고 이런 일을 대체할 새로운 즐거움을 찾게 된다. 혼자서 아니면 사랑하는 사람과 함께 시를 읽거나 산책하는 등 소소 하고 단순한 일 말이다.

더는 자신이 보통 사람이라는 걸 증명하기 위해 어떤 행동을 해야 한다고 생각할 필요가 없다. 이제는 아무래도 괜찮다. 매주 금요일과 토요일 저녁마다 데이트하지 않아도 된다. 배우자에게 집착하지 않 아도 괜찮다. 아무것도 얻지 않아도 괜찮다. 수많은 사람의 시간과 에너지를 잡아먹고 있는 일들을 나도 해야 한다며 걱정하지 않아도 된다.

오해하지 않기를 바란다. 멋진 옷을 입고 즐거운 모임에 나가는 게 잘못되었다는 말이 아니다. 지금 그렇게 지내고 있고 즐기고 있다면 멋지고 좋은 일이다. 부디 신나는 시간을 보내기를 바란다. 다만 깨어나기 시작하면(이 순간은 몇 살에든, 언제든 일어날 수 있다) 많은 일이 점점 덜 중요해진다. 그리고 이렇게 말하게 된다. "아니에요. 그 일은 하지 않을 것 같아요. 전 이걸 읽고 싶어요." "새로운 계획을 진행 중인데 제게는 정말 중요한 글쓰기를 하고 싶어요." "지금 그림을 그리는 중인데 꼭 끝맺고 싶어요." "네다섯 명이 모여 중독에 관한 의식을 높이는 새로운 모임을 시작하려 해요." 아무런 영감도 주지 않았던 일들은 단호히 거부하고 새로운 열정을 주는 대상과 함께하게 된다.

인생의 우선순위가 달라진다. 예전에 손에 넣으려고 몹시 애썼던 일이나 활동, 물건, 장소 등에서 철저히 멀어지기 시작한다. 한때 정말 중요했던 모든 것이 사라진다. 그러고 나면 '내면의 신호'inner signals 라 일컫는 것이 나타난다. 무엇이 옳고 무슨 일을 해야 하는지 항상 자신의 기준을 따르게 된다. 이제는 길을 찾기 위해 다른 사람이나 외부 요인을 바라보지 않는다.

나도 살면서 이런 일들을 경험했다. 극적인 변화였다. 내게 가장 중요한 건 아이들과의 시간이다. 아이들과 함께할 수 없거나 함께하지 않겠다고 결정할 때면 혼자 있는 의미를 찾는다. 점점 그런 순간에 책을 읽거나 글을 쓰거나 그림을 그리거나 그냥 생각에 잠기면 정말 완벽하다는 걸 알게 되었다. 금요일 밤에는 으레 영화를 보러 갔다가 외식을 해야 한다는 생각도 하지 않는다. 오랫동안 내 인생의 일부였던 많은 일에 더는 마음이 끌리지 않는다. 하지만 지난 시간을 돌아보면 그 또한 필요한 시간이었다. 그 모든 시간을 거친 덕분에 여기에 오는 방법을 알 수 있었다.

깨어남을 경험하면 인간관계가 달라진다. 어떤 관계는 더 깊어지기도 하지만 관계의 수는 크게 달라지기 시작한다. 이제는 항상 사람들에게 둘러싸여 있어야 한다는 생각이 들지 않고, 항상 내 의견에 동의하지 않아도 나와 함께해주는 사람을 몇 명 선택해서 관계를 맺는다. 지인의 수가 줄고 점점 인간관계의 폭이 줄어든다. 활동을 많이 하거나 많은 사람에 둘러싸여 있는 일이 참기 어려워지기 때문이다. 친구 서너 명만을 만나거나 한두 명과만 교류하기도 한다. 나 자신과의 관계를 단단히 하는 것이 더 중요해지고 나를 더 위대하고 완벽한 그 무엇의 일부로 바라본다. 그런 변화를 이루려면 보통 혼자 있는 시간이 필요하다. 언제나 사람들로 둘러싸여 있는 시간이 아니라 오롯이 혼자 있는 시간이 지극히 중요하다.

남에게 의존하는 관계가 싫어지고, 내 인생이 나아갈 길과 관련해 어떤 결정이라도 하려는 사람은 누구든 참기 힘들어진다. 이것이 깨어난 뒤 경험하는 가장 두드러지고 극적인 변화다. 이제 누구도 더는 내게 이래라저래라 간섭하지 않는다. 누구도 내가 어때야 한다고 말하지 않는다. 집에서나 직장에서나 마찬가지다. 나 자신이 주변과 사회에 기여할 수 있는 인물이란 걸 알기에 그렇게 한다. 만일 누군가가 나를 통제하려 하면 우선 사랑으로 대응한다. 그래서 효과가 없으면 그 사람은 그대로 두고 그냥 넘어간다.

깨어나는 순간 달라진다
———◇———

중요한 점은 이 깨어남의 과정에서 등을 돌릴 수 없다는 것이다. 설령 등을 돌려도 깨달음의 과정은 언젠가 찾아온다. 이제 나라는 존재가 지닌 신성함, 웅장함, 완벽함에 마음을 열었고 높은 의식으로 행동하기 때문에 좋은 것을 받아들일 수밖에 없다. 콜레스테롤이 낀 동맥은 일정량의 혈액밖에 받아들이지 못한다. 몸속 혈관이 전부 콜레스테롤로 막혀 있다고 생각해보자. 그런 상태에서는 건강할 수도, 영양분을 받아들일 수도 없다. 체중이 늘고 활력은 줄고 안색이 나빠진다. 하지만 좋은 식습관과 운동으로 관심을 돌리면 점점 더 건강을 생각하게 되고 운동과 다이어트를 멈추지 않게 된다. 그러다 몸의 상태가 좋아지기 시작하면 더는 과거의 습관으로 돌아갈 수 없다. 깨어남도 이와 같다.

　얼마 전 비행기를 탔다가 이 사실을 다시 떠올렸다. 기내식을 받았는데 마치 1943년경에 만든 음식 같았다. 누군가 기내식의 포장을 뜯어놓은 상태였고 음식에서는 가공식품에서 나는 화학물질 냄새가 났다. 이 알 수 없는 갈색 물체를 도저히 먹을 수 없어 나는 승무원에게 물었다.

"이게 무엇인가요?"

"네, 닭고기 요리입니다."

"이런 닭고기 요리는 본 적이 없어요."

그런데 주위를 둘러보니 모든 사람이 그 기내식을 막 먹으려는 참이었다. 그래서 다시 말했다.

"아닙니다. 저는 받지 않을게요. 감사합니다."

한때는 나도 그 기내식과 별반 다르지 않은 기름진 음식을 먹으며 지냈다. 음식이 변한 건 아니었다. 변한 건 나였다. 새로운 것을 받아들이면서 내 몸에서 막혀 있던 것이 뚫렸다.

사고의 영역에도 같은 개념이 적용된다. 먼저 다음과 같은 새로운 생각을 받아들인다. '우주에는 긍정적인 힘이 있어. 나는 그런 힘의 일부야. 원하는 일은 무엇이든 이룰 수 있어. 나는 모든 인류와 이어져 있고 완벽한 세계에 살고 있어. 여기에 동시성synchronicity(두 가지 이상의 일이 동시에 발생하는 것—옮긴이)은 있어도 우연의 일치는 없어. 일어나는 모든 일에는 이유가 있고 거기서 배움을 얻기 위해 내가 여기 있는 거야. 용서도 삶의 한 방법이야.' 의식이 높아지며 이런 생각이 삶 속으로 들어오면 이때 등을 돌리거나 거부할 수 없다. 오히려 그런 생각 속으로 더 빠져든다.

이런 생각을 받아들인다고 해서 사람들의 사상이나 행동을 바꾸려고 설득해야 하는 것은 아니다. 사실 상대방에게 뭔가를 이해시키려 하지 않는 것도 깨어남의 일부다. 그래서 다른 사람을 있는 그대로 사랑하는 길을 선택하게 된다. 그들이 내게 해가 되는 일을 하더라도 말이다. 혼란스럽거나 무질서한 상황을 걱정하기보다 세상이 다시 조화를 이루도록 하는 데 집중한다. 사랑과 평화로 가득한 사람들을 모으려고 노력한다. 그들이 다른 사람들에게 긍정적인 영향을 미칠 수 있도록 돕고 전쟁이나 증오가 사라질 때까지 이를 계속한다.

예전에 당신은 오직 자신만 생각하고 다른 사람을 희생시켰을지 모른다. 예를 들면 이런 생각을 했을지 모른다. '그래봐야 아무것도 달라지지 않을 거야. 다른 사람이 손에 넣기 전에 내 것을 챙겨야겠어. 누군가를 속이거나 거짓말을 해도 괜찮아. 정직하지 않게 대해도 괜찮아. 내 것을 가질 수 있다면 그런 건 아무래도 상관없어.' 그러나 조화로움이라는 삶의 가치를 알게 되면 이런 생각은 사라진다.

바로 지금, 바로 여기서 내가 가진 모든 것에 감사한다. 인생에서 갖지 못한 것을 생각하지 않는다. 무엇을 얻을 수 있고 어떻게 얻을 수 있느냐를 기준으로 나 자신을 정의하지 않는다. 그보다는 어떻게 하면 내면의 평안을 얻을지, 다른 사람을 도울 수 있을지로 나를 정의한다. 우리가 가진 건 사랑뿐이며, 사랑을 나누기 시작할 때 지금까지 원해온 모든 것을 이미 충분히 갖고 있다는 아이러니 중의 아이러니를 발견한다. 이제는 원했던 모든 것을 가지려 할 이유가 없다는 걸 알았기 때문이다. 그 모든 것이 바로 우리 자신이다. 내가 조화로움 그 자체이자 평화이며 사랑이다. 나는, 우리는 깨어 있다.

깨어남의 과정은 아주 강력한 힘이 있다. 이 과정을 통해 의식이 높아지고 이는 깨우침으로 이어진다. 이제 앞으로 어떤 길을 기대할 수 있는지 알았으니 멋진 여행을 떠나보자.

겉으로 보이는 것들에
흔들리지 말 것

THE POWER *of* AWAKENING

최근 내 손을 자주 살펴본다. 손은 여전히 멋지지만 예전과는 다른 모습이다. 전에 볼 수 없었던 갈색 점도 몇 개 생겼다. 이게 무엇인지 당최 모르겠다. 아마 점 같은 것이려니 한다. 아이들이 어렸을 때 아이의 손등을 손가락으로 꽉 눌렀다 떼면 마치 고무줄처럼 피부가 금방 제자리로 돌아왔다. 예전에는 내 피부도 그랬다. 불과 얼마 전까지만 해도 그런 것 같았는데 이제는 뭐랄까, 느릿느릿 돌아온다. 원래대로 돌아오기까지 얼마나 걸리는지 시간을 재본다.

"4초. 흠. 지난주에는 3초였는데."

만일 손이나 다른 신체 기관이 나라는 존재를 구성하는 요소라고

제2장 겉으로 보이는 것들에 흔들리지 말 것 • 55

생각한다면 나는 질겁할 것이다. 하지만 내 몸이 내 전부가 아니라는 걸 알고 있기에 걱정되거나 슬프지 않다. 당신도 마찬가지다. 지금까지는 당신의 몸이 당신이라고 여겨왔을 게 분명하지만 말이다. 그래서 끊임없이 몸을 관찰하고 점점 늘어지고 처지는 몸을 끌어올리려 노력했을 것이다.

머리카락이 점점 많이 빠지고 있다. 그런데 어느 날 정수리에 있던 머리카락이 실제로는 빠지는 게 아니라는 걸 발견했다. 머리카락은 빠지는 게 아니라 들어가는 것이다. 그렇다. 머리카락은 안으로 들어간 뒤 코나 귀로 나온다. 아이들이 내게 전자 코털깎이(귀에도 사용할 수 있다)를 선물해주지 않았다면 지금쯤 귀털이 어깨까지 내려왔을 것이다. 왜 그럴까? 대체 귀털은 어디에 필요한 걸까?

농담이 아니라 이 책을 쓴 계기 중 하나는 이 중요한 이야기를 알리기 위해서였다. 우리의 육체는 우리가 아니다. 우리는 겉으로 보이는 것보다 훨씬 더 훌륭하고 신성한 존재다. 그리고 우리의 마음이 이처럼 새로운 이해의 영역에 도달했다는 건 축하할 일이다.

누구나 형체를 초월하거나 넘어설 능력이 있다. 즉 자신을 초월할 수 있다. 사실 어떤 인간도 완성된 형태를 갖춘 적은 없었다. 인간은 항상 변화하는 과정에 있기 때문이다. 우리는 몸이 다 자라 완성된 상태라고 생각하지만 거울을 보면 어제는 없었던 주름이 나도 모르게 생겨나 있다. 눈꺼풀은 어제보다 조금 더 처졌고 충치가 좀 더 썩은 듯하다. 이렇게 몸은 매일 매 순간 변한다. 변화의 과정이 완전히 끝난 사람은 없다.

우리는 지금 이 몸을 소유하고 있지만 그 몸이 온전히 나라는 존재를 나타내는 건 아니다. 육체는 마치 우주비행사의 우주복과 같다. 정해진 시간 동안 입는 외피라고 할 수 있다. 그런데 많은 사람이 그런 육체가 자기 자신이라고 생각한다. 슈퍼마켓의 냉동식품 판매대에서 포장지에 브로콜리와 아몬드가 섞인 맛있는 음식 사진이 있는 제품을 봤다고 하자. 그걸 사서 집으로 와 포장지를 벗기고 작은 냄비에 물을 끓인 뒤 포장지를 넣고 삶는다면 어떨까? 물론 그럴 일은 없을 것이다! 우리는 사진 속 브로콜리와 아몬드가 포장지 안에 들어 있다는 걸 알고 있다. 포장지 자체가 내용물은 아니다.

그런데 사람들은 자신이 포장지라고 생각한다. 그렇게 포장지에 갇혀 내용물보다 포장지가 더 중요하다고 믿는다. 그러나 포장지 안에 든 내용물이야말로 무엇이든 원하는 대로 될 수 있고 원하는 일은 무엇이든 이뤄낼 수 있는 우리 자신이다.

우리는 보이는 것보다 큰 존재다

———— ✧ ————

인간의 마음에는 어떤 일이든 가능하게 만드는 놀라운 힘이 있다. 나는 말 그대로 스스로 기적을 일으킨 사람을 여럿 알고 있다. 또한 깊은 절망에 **빠졌다가** 마법 같은 일이 일어나 삶이 바뀐 사람들도 봤다. 그런데 실은 누구라도 인생을 완전히 바꿀 수 있다. 여기서 중요한 질문은 '내 몸이 그런 일을 하기에 적절한가?' 혹은 '내 몸은 튼튼한가?'가 아니다. 원하는 변화를 이루기 위해 달라져야 한다고 다짐할 때도 마찬가지다.

정말로 어떤 몸을 가졌든 그건 인생이라는 교육과정의 일부다. 우리가 가진 게 이 몸이므로 속상해하거나 다른 사람의 몸이나 지금과는 다른 몸을 바라는 등 어떤 식으로든 흠을 찾으려 한다면 절대로 깨어날 수 없다. 신이나 도道, 열반 혹은 다른 어떤 경지에도 도달할 수 없다.

생각하는 방식을 통해 외면을 바꿀 힘이 생긴다는 걸 믿지 않는 사람이 많다. 아니, 사람들은 그 사실을 받아들이고 싶어 하지 않는 것 같다. 육체는 이미 완성되었고 그게 지금의 몸이라고 생각한다. 아침에 일어나 출근해서 업무용으로 적합하다고 생각하는 모습으로 일하고 퇴근 후에는 아빠용 모습으로 변신해 아이들과 놀아준다. 주말에는 친구용 모습이나 애인용 모습 등 필요한 모습으로 바뀐다. 평생 이런 삶을 반복하면서 겉으로 보이는 모습 너머에 무엇이 있는지 알지 못한다.

겉모습 너머에 있는 본질을 볼 수 없기에 깨어남의 과정이 복잡하고 어려운 듯 느껴진다. 물속의 물고기에도 본질이 있다. 식물에도 본질이 있으며 모든 생물에 본질이 있다. 그런 본질을 놓치는 이유는 무엇이 보이는지, 어떻게 하면 그걸 잡을 수 있는지에 지나치게 집착하기 때문이다. 물리적으로 잡을 수 없다고 해서 마음속에 일어나는 일이 존재하지 않는 건 아니다. 손에 잡히지 않지만 바람이 존재하지 않는 건 아닌 것처럼 말이다.

우리는 바람을 잡을 수 없으며 오직 바람이 지나간 뒤의 결과만 볼 수 있다. 그뿐이다. 하지만 바람이 존재한다는 걸 안다. 바람을 잡거나 만져본 사람은 아무도 없는데, 어떻게 알았을까? 우리가 만질 수 있든 없든 그와 무관하게 바람은 존재한다. 대부분 사람을 움직이지 못하게 만드는 모든 것, 예를 들어 괴로움, 우울함, 불안함, 성공해야 한다는 생각, 우리를 괴롭히는 A 유형(성급하고 충동적이며 원하는 대상을 적극적, 경쟁적으로 쟁취하려는 유형—옮긴이) 행동 등에서 벗어나 진정으로 깨어나면 그런 건 그저 과거의 일이 된다. 앞으로 다시는 그런 일들로 자신을 못살게 굴지 않는다.

현재의 내가 누구인지 정하는 일은 몸과 아무런 상관이 없다. 물론 우리는 피부와 뼈, 근육, 연골로 많은 일을 할 수 있지만 그런 일을 처리하고 경험하는 건 전부 마음을 통해서다. 그러므로 사람이 육체보다 훨씬 큰 존재라는 사실을 알면 마음속 생각이 중요하다는 것, 생각은 변할 수 있다는 것을 이해하게 된다. 매사를 처리하는 방식이 핵심임을 깨달으면서 인생을 새로운 방식으로 인지하는 법을 배운다. 그리고 매사를 처리하는 방식은 우리가 통제할 수 있다.

생각에는 한계가 없다
———✧———

사랑하는 사람을 비롯해 내게 중요한 모든 것을 살펴보자. 이 순간 사랑하는 사람을 경험할 유일한 방법은 마음속으로 떠올리는 길뿐이며 그 외 다른 방법으로는 경험할 도리가 없다. 우리가 그들 속에 들어가 그들이 될 수는 없다. 이것이 육체의 한계다. 지금 이곳 밖에서의 경험은 생각을 통해서만 가능하다.

자, 모으고 싶은 것을 전부 나열해보자. 그러면 이 역시 생각 속에서만 존재한다는 걸 알게 된다. 우리는 다이아몬드나 새집이 될 수 없다. 그런 대상을 경험할 수는 있지만 실제로 가지거나 소유할 수는 없다. 오직 마음속에서만 해볼 수 있다. 우리의 유일한 경계는 몸이다. 그렇기에 몸이 자기 자신이라고 믿는 한 언제나 경계와 장애물이 나타난다.

한번은 이런 질문을 받았다.

"온전한 행복을 막는 장애물은 무엇일까요?"

나는 대답했다.

"장애물이 있다는 당신의 믿음이죠."

생각할 수 있는 것은 무엇이든 얻을 수 있다. 생각은 그렇다. 마음속에서 적절하게 떠올리고 그 생각에 맞춰 살기 시작하면 결국에는 그 모습이 나타난다. 뒤에서 더 이야기하겠지만 일단 지금은 생각으로 뭔가를 만드는 일이 그저 신비스럽거나 요술을 부리는 게 아니라는 점만 이해하자. 우리는 생각이라 부르는 이 진동 패턴을 최적화해서 사용하는 방법을 배울 수 있다. 생각하는 능력을 이용해 원하는 무엇이든 일어나게 할 수 있으며, 원하는 무엇이든 생각할 수 있기에 우리는 스스로 한계가 없다는 사실을 이해하게 된다.

이는 새로운 규칙이다. 인과관계를 생각해보자. 인과관계는 물리적 세계에서는 아주 중요한 법칙이다. 이 일을 하면 저 일이 생긴다. 이것과 저것에 따라 물리적 형태가 바뀐다. 하지만 생각 속에서는 인과관계가 성립하지 않는다. 생각 속에서 어떤 일을 하다 다른 일을 하고 싶다면 그냥 그렇게 하면 된다. 만일 지금 내가 미국에 있는데 아프가니스탄으로 가고 싶다면 그냥 가면 된다. 비행기를 타거나 배를 타거나 운전할 필요가 없다. 생각 속에서는 그냥 가면 된다.

깨어남의 과정에서 우리는 이처럼 한계가 없는 장소에서 우주와 사람과 만물을 보기 시작한다. 전에는 갖고 싶었고 흠뻑 빠져 매달렸던 모든 것을 보며 이렇게 말하게 된다. '내 삶에서 얻을 수 있다면 좋지. 하지만 아니라 해도 괜찮아.'

수년 전 속상했던 일들이 어떻게 자신을 괴롭혔던 건지 의아하다. 지금 괴로워하는 일도 몇 년 뒤에 뒤돌아보면 어떻게 그럴 수 있었는지 의아할 것이다. 어쩌면 지금 이런 생각이 드는 관계 속에 있을 수 있다. '음, 어떻게 이 관계에서 벗어날까? 정말 모르겠어!' 하지만 얼마 지나지 않아 지금을 돌아보며 이렇게 생각할 것이다. '휴! 그런 관계를 벗어났다니 신께 감사할 일이야. 다시 되돌릴 수 있었지. 지금 나는 그때의 내가 아니야.'

과거도, 미래도 삶의 조각일 뿐이다

지금까지 일어난 모든 일이 생각의 영역에 있었다고 해도 매우 현실적으로 느껴질 때가 있다. 어떤 생각도 만지거나 가질 수 없지만 분명 상당한 감정을 전달한다. 이 점을 이해하는 게 중요하다. 지금까지 과거의 경험은 전부 생각 속에 들어 있으며 생각 그 이상의 어떤 것도 아니다. 순전히 생각에 불과한 것을 후회하거나 비참해하거나 죄책감을 느끼는 게 말이 되는 일일까?

예를 들어 내가 당신에게 "펠로폰네소스 전쟁의 결과에 죄책감을 느낍시다."라고 말한다고 해보자. 아마 당신은 웃음을 터뜨리며 말할 것이다. "그 전쟁은 3,000년도 전에 일어난 일이잖아요. 무슨 소리를 하시는 거예요?" 그러면 나는 다시 이렇게 말한다. "자, 스파르타인이 어떤 대접을 받았는지 보세요. 아테네인은 그러면 안 되는 거였어요. 끔찍한 일이었죠. 지금 죄책감을 느끼면 그 상황을 바꿀 수 있을까요?" 아마 당신은 이렇게 대답할 것이다. "물론 안 되죠! 그건 이미 끝난 일이에요."

오늘 아침에 있었던 일도 펠로폰네소스 전쟁과 마찬가지로 이미 끝난 일이다. 아인슈타인의 가르침처럼 선형의 틀 안에서는 시간이란 존재하지 않는다. 시간이라는 개념은 그저 사람이 만들어낸 것일 뿐이다.

이 순간부터 일어날 모든 일도 순전히 생각에 불과하다는 걸 알아야 한다. 내일에 손을 댈 수는 없다. 목표는 손으로 움켜잡을 수 없다. 내일 살 BMW를 지금 운전할 수 없다. 전부 생각일 뿐이다. 과거와 미래가 전부 생각 속에서만 존재한다면 남는 건 지금뿐이다. 그런데 왜 과거에 죄책감을 느끼거나 이미 일어난 일을 다시 떠올리는 길을 택해 지금 이 순간을 소모하는 걸까?

흔히 정신과 의사들은 '과거에 산다'라는 표현을 한다. 하지만 과거에 사는 사람은 아무도 없다. 우리는 지금, 현재밖에 살 수 없다. 이와 비슷하게 "저는 미래에 사는 사람이라서 걱정이 돼요."라고 말하는 사람들이 있다. 하지만 그들도 미래에 사는 건 아니다. 나중에 일어날지 어떨지 모르는 일, 전혀 통제할 수 없는 일 때문에 이 순간을 써버리는 행동은 그만두는 게 합리적이다. 어떻게 그만둬야 하느냐고 묻겠지만 답은 사실 간단하다. 그냥 그만하면 된다. 그뿐이다. 죄책감을 느낀다고 해서 그 일을 어떻게 할 수 있는 게 아니라면 죄책감을 느끼는 걸 그만두자.

생각을 통제할 수 없다고 믿는다면, 즉 누군가가 내 생각을 통제한다고 믿는다면 누가 그런 생각을 품게 하는지 찾아서 데려오라고 하고 싶다. 내가 그 사람을 치료하면 당신의 상태가 좋아질 것이다. 하지만 그런 식으로는 효과를 볼 수 없다.

당신은 다음과 같이 말하게 되기를 바란다. "이미 벌어진 일이야. 끝난 일이지. 나는 그 일을 해결했어. 나는 적절한 마음의 상태를 유지하면서 있고 싶어. 화내고 싶진 않아. 그냥 그런 생각은 밀어내자. 그런 생각을 하는 건 싫어." 하지만 많은 상담사가 이렇게 답할 것이다. "그건 실제로 그 문제를 마주하려 하는 게 아니기 때문에 건강하지 못한 방법이에요."

그러나 건강하다는 걸 증명하려고 항상 문제를 마주해야 하는 건 아니다. 길거리에 소의 배설물이 엄청나게 쌓여 있다고 하자. 어떤 사람은 이렇게 말한다. "음, 난 괜찮아. 저 사이로 지나갈 수 있어." 하지만 내가 보기엔 미친 짓 같다. 건강한 사람이라면 이렇게 말할 것이다. "아니야, 굳이 그러지 않아도 돼. 나는 빙 둘러 갈 거야." 그리고 그렇게 한다.

우리는 살면서 둘러 가야 할 때가 많다. 도움이 되지 않을 때는 생각도 둘러 가야 한다. 어떻게 하면 그럴 수 있을까? 그냥 하면 된다. 더는 그런 식으로 생각하지 않으면 된다.

마음을 무너트리는 생각을 멈춰라

당신의 인생이 당신을 위하고 있는지 물어보자. 만일 그렇다면 좋은 일이다. 그런데 삶이 비참함과 우울함으로 가득하다면, 항상 뭔가를 좇아야 하거나 만족스러울 때가 없다면, 화가 많이 난다면, 늘 일을 미루고 죄책감을 느낀다면 어떨까? 이런 경우라면 인생 뒤의 환상을 보라고 권한다.

한발 물러서서 의식의 작은 한구석에서 이렇게 말해보자. "마감 일자를 지키느냐 못 지키느냐가 중요한 게 아니야. 나는 이미 이 일을 하고 있어. 이 일이 바로 내가 세상에 태어나서 선택한 내 역할이야. 이 일을 계속 선택하는 데는 분명 이유가 있을 거야. 이 역할을 맡고 있지만 어떤 식으로든 나 자신이 망가지거나 엉망진창이 되도록 두지는 않을 거야. 그러니 마감 일자를 앞두고 A 유형 행동을 많이 하거나 나와 비슷한 사람이 내가 가지지 못한 걸 가졌다는 이유로 짜증이 난다면 멈춰서 물을 거야. '내가 왜 이 일을 하고 있지?' 나는 무엇도 소유할 수 없어. 나는 아무것도 가질 수 없어. 내가 가진 전부는 지금이라는 순간뿐이야. 이 순간에 내가 할 수 있는 건 지금을 살고 즐기는 것뿐이야."

그동안 쌓아 올린 것이나 앞으로 하려는 일 때문에 마음이 무너지는 걸 느낄 때마다 그런 생각을 멈춰라. 지금 이 순간으로 돌아오라. 해야 할 일을 하되 그 일 때문에 자신을 망가뜨리지 마라. 그것이 핵심이다.

수년 전 내 사무실로 와서 도움을 요청하던 여성이 기억난다. 그 여성은 손톱을 물어뜯는 버릇 때문에 정신분석을 받아왔다. 그녀는 손톱을 물어뜯지 않으려고 늘 장갑을 끼고 다녔다.

그녀의 말에 따르면 자신은 전형적인 정신분석을 받았는데 모든 게 심리성적 발달 단계psychosexual developmental stages와 관련이 있다는 걸 알았다고 한다. 그녀의 정신과 의사는 그녀의 신경증 경향과 손톱 물어뜯는 버릇은 그녀 탓이 아니라고 확신하며 이렇게 말했다. "환자분은 병적으로 손톱에 집착하시는 겁니다. 해결하지 못한 엘렉트라 콤플렉스Electra Complex(딸이 아버지에게 애정을 품고 어머니를 경쟁자로 인식해 반감을 갖는 경향—옮긴이)가 있으세요. 부모님을 향한 감정을 푸셔야 합니다. 환자분의 문제는 잠재된 부러움이 발현된 것입니다. 상징적인 거죠. 진짜 문제는 환자분의 손가락이 아닙니다."

그녀의 말을 듣고 내가 물었다.

"왜 저를 찾아오신 거죠? 저는 전부 그렇지 않다고 생각해요."

"제 여동생이 2년 전쯤에 여기 왔었어요. 박사님께서 4주 만에 여동생을 바로잡아 주셨죠."

"당신과 4주 동안이나 할 이야기가 있는지 모르겠군요. 손톱 얘기는 벌써 지겨운걸요."

그녀가 미소를 지었고 나는 말을 이었다.

"하지만 약속을 잡죠. 앞으로 우리는 세 번 만날 겁니다. 그러고 나면 나을 거예요."

그녀가 놀라며 다시 한번 말해달라고 했다.

"네, 세 번입니다. 지금부터 우리가 다시 만날 때까지 원하는 만큼 손톱에 관해 이야기하고 분석해보세요. 그런데 딱 한 가지, 하실 수 없는 게 있습니다."

"그게 뭐죠?"

"손을 입에 가까이 두면 안 됩니다."

그러자 그녀가 매우 불안해하기 시작했다. 불안해지기 시작하자마자 구강 집착 때문이었는지, 엘렉트라 콤플렉스나 다른 어떤 원인 때문이었는지는 몰라도 그녀는 손을 입으로 가져가려고 했다. 나는 즉시 그녀의 손을 잡으며 말했다.

"입에서 손가락을 멀리하세요."

그녀가 말했다.

"그거 아세요? 전에는 누구도 이렇게 설명해준 사람이 없었어요."

"문제를 어떻게 분석하든, 그에 대해 얼마나 생각하고 이야기하든 손톱을 그만 물어뜯고 싶다면 입으로 손을 가져가지 말아야 합니다. 다른 방법이 없죠. 솔직히 말씀드려서 손톱 물어뜯기를 그만두려는 시도는 영원히 할 수 있습니다. 하지만 입으로 손을 가져가는 한 이유가 무엇이든 여전히 손톱을 물어뜯는 사람이 되는 겁니다."

혹시 알고 있을까? 거의 모든 문제에 관한 답은 이렇게 간단하다. 나는 문제를 지나치게 단순화한다는 비난을 받곤 하는데, 세상에는 문제를 복잡하게 만드는 사람들이 많은 것 같다. 나는 복잡한 문제를 가능한 한 단순하게 만드는 걸 좋아한다. 그 여성은 이후 세 번 만났고 손가락을 입으로 가져가지 않게 되었다. 당연히 손톱도 물어뜯지 않게 되었다.

사람들이 정말 어렵다고 여기는 일 중 하나가 금연이다. 입에 뭔가 넣는 걸 좋아하는 사람이라 할 수 있다. 병원에 가서 모든 약을 다 써보고 모든 방법을 총동원한다. 심지어 담뱃대에 구멍을 내서 한 모금을 피우려면 엄청나게 애써야 하는 방법도 있다. 온갖 방법을 다 써볼 수 있지만 결국 금연하는 단 하나의 방법은 담배를 입으로 가져가지 않는 것이다. 다른 방법은 없다. 금연의 비밀이 무엇인지 사람들이 물어보면 나는 이렇게 말한다.

"딱 오늘 하루만 담배를 입에 대지 마세요."

그러면 사람들은 믿을 수 없다는 반응을 보인다.

"어떻게 그렇게 하라는 거죠? 피우고 싶은 충동이 들면 어떻게 하나요?"

"세상에 충동 같은 건 없어요. 실제로는 이렇게 되뇌고 있는 겁니다. '너무 힘들어. 금연하고 싶지 않아.' 그런 생각을 멈추세요!"

마찬가지로 이런 말을 되뇌는 것도 그만둬야 한다.

'지금까지 해본 일 중에 제일 힘들어.'

'지금까지 해본 일 중에 제일 쉬워.'

그저 입에 담배를 물지 않으면 된다. 방법은 이렇게 간단하다. 그러면 금연에 성공할 수 있다. 이게 바로 담배를 끊는 방법이다. 사실 담배를 끊을 유일한 방법이기도 하다.

우리는 무엇이든 될 수 있고 무엇이든 할 수 있으며 어디든 갈 수 있다. 우리의 몸이 무엇을 하고 무엇을 겪는지 볼 수 있다. 하지만 우리 안의 진짜 자신은 이렇게 말한다. '이건 분명 내 움직임이야. 하지만 진짜 나는 아니야. 나는 이 모든 형체보다 더 크고 위대한 존재야.' 인간관계에서 갈등이 생기는 거의 모든 대상이 진짜가 아니다. 어떻게 생각하는지가 진짜다. 그것으로 자신을 채워라. 조화로움, 편안함, 평온함, 사랑만을 생각하라. 그것이 다른 사람에게 베풀 수 있는 전부다.

이처럼 내면이 깨어 있으면 지금 일어나는 모든 일의 뒤에 있는 완벽한 질서를 보게 된다. 그리고 다시는 육체의 노쇠나 죽음 등을 걱정하지 않는다. 또한 생각이란 계속 나타나는 끝없는 에너지란 걸 알고 있으며 무엇보다 그 생각이 자신이라는 걸 안다. 나이를 먹고 계속 변하는 육체가 아니라 영원하고 변함없는 생각이 바로 우리 자신이다.

제3장

평생 바라는 것만
좇으며 살지 않을 것

THE POWER *of* AWAKENING

언젠가 비행기를 탔을 때 있었던 일이다. 한 승무원이 비행기 공포증으로 힘들어하는 탑승객을 세심히 배려하며 애쓰는 모습을 봤다. 전혀 위험한 상황이 아니었기에 그 승객이 비행기 사고를 얼마나 끔찍하게 두려워하는지 알 수 있었다. 그러나 진정으로 깨어나 삶과 죽음에 대한 통찰을 얻으면 죽음은 두렵지 않다. 모든 것은 변화하며 이는 우주의 섭리다.

죽음의 문턱에서 돌아온 사람들은 다들 비슷한 말을 한다.

"인생에서 가장 소중한 교훈을 얻었어요. 주어진 하루를 최대한 열심히 살아야 한다는 거죠."

다른 사람의 기대에 부응하려 애쓰지 않고 원하는 대로 인생을 살면 된다는, 이토록 자연스럽고 간단한 교훈을 얻기 위해 일부러 죽음의 고비를 넘길 필요는 없다. 이제는 '오늘은 남은 인생의 첫 번째 날이다'라는 옛말이 아니라 '오늘은 인생의 마지막 날이다. 살날이 더는 남지 않은 것처럼 살자'라는 생각으로 살아가자.

사실 우리에게 시간이 얼마나 더 남아 있는지는 알 수 없다. 누구에게나 과거는 이미 끝난 일이다. 미래를 기약할 수 있는 사람은 아무도 없다. 우리에게 주어진 건 지금뿐이다. 어이없는 사고로 세상을 떠났거나 심장마비로 갑자기 사망한 사람 이야기를 한 번쯤은 들어봤을 것이다. 누구나 생의 마지막 날을 맞이한다. 그날이 언제일지는 누구도 예상할 수 없다.

인생의 한 부분으로서 죽음도 삶만큼 중요하다. 하지만 사람들은 죽음을 회피하며 가능한 한 언급하지 않으려 한다. 죽음에 대한 농담도, 돌아가신 분에 대한 언급도 함부로 하지 않는다. 죽음을 그저 이행 과정의 하나로, 즉 지금의 차원에서 새로운 차원으로 옮겨 가는 과정으로 볼 수 있다면 얼마나 좋을까? 우리가 사실은 다차원적 존재라는 걸 깨닫는다면! 인간이란 다차원적 존재임을 알고 이를 바탕으로 인생을 이끌면 자유롭고 행복한 삶을 살 수 있다.

죽음을 마주할 용기

---✦---

할머니가 돌아가셨을 때 인생에서 가장 놀라운 통찰을 얻었다. 할머니가 병원에 입원했을 때 왠지는 모르지만 병원에서 몸무게를 쟀다. 몸무게를 기록한 증명서가 없으면 천국에 들어가지 못하는 걸까? 병원에서 이 기록에 관해 어떻게 생각하는지는 모르겠다. 기록을 남기기 전에 죽은 사람들은 어떻게 되는 걸까?

어쨌든 입원 당시 할머니는 95세였고 몸무게는 60킬로그램이었다. 할머니는 내가 보기에도 임종이 아주 가까이 다가왔다는 걸 알 수 있었다. 말 그대로 할머니의 몸에서 생명이 사그라드는 모습을 지켜봤다. 할머니의 뼈와 피부, 머리카락을 비롯해 할머니가 아닌 모든 육체가 차갑게 굳었다. 병원에서는 사망 증명서를 쓰기 위해 시신의 무게를 쟀고 할머니의 시신은 정확히 입원 때와 마찬가지로 60킬로그램이었다.

할머니의 생명을 이루고 있던 것, 할머니의 본질은 그게 무엇이었든 보이지 않았고 무게가 없었다. 할머니의 본질은 무게를 재거나 측정할 수 없었다. 그건 우리도 마찬가지다. 우리의 본질, 우리의 삶이 정말로 무엇인지 물리적 세계에서는 설명할 수 없지만 우리는 여기에 정말 많은 에너지와 시간을 들인다. 우리의 겉모습이 진정한 자신이라고 믿으면서 말이다.

이런 생각을 하니 미국의 제6대 대통령 존 퀸시 애덤스가 떠오른다. 애덤스는 매우 지혜롭고 의식 수준이 높은 인물이었다. 백악관에 입성했던 대통령 가운데 아마 가장 지적인 인물이었을 것이다. 동시대의 많은 사람이 노예를 부리고 있었지만 그는 노예제도를 거부했다. 다음은 그가 죽기 며칠 전 친구에게 보낸 편지에서 자신에 관해 쓴 내용이다.

> 존은 잘 지내고 있어. 하지만 지금 그가 사는 집은 퇴락하는 중이야. 시간의 흐름과 계절의 변화를 겪으며 집은 거의 무너지기 직전이야. 지붕이 상당히 낡았고 벽도 많이 부서져서 바람이 불 때마다 흔들리지. 아무래도 곧 이사 가야 할 것 같아. 그래도 그는 꽤 잘 지내고 있어. 고마워.

현재 사는 집, 즉 몸이 자기 자신이 아니라는 걸 알면 죽음을 두려워하지 않는다. 생각은 죽일 수 없다. 생각은 에너지이기 때문이다. 생각의 결과인 감정도 죽일 수 없다. 반대로 몸이라는 겉모습은 끊임없이 변한다. 따라서 인간으로서 우리의 존재를 알려주는 건 전부 정신의 과정이다. 몸이 어떤 모습을 갖췄는지 그리고 결국에는 어떻게 그 모습을 잃는지보다 세상을 어떻게 생각하고 받아들이는지에 따라 우리의 존재가 결정된다. 깨어나면 죽음이란 절대적으로 필요한 부분이며 두려워할 건 아무것도 없다고 생각한다.

우리는 대부분 두려운 것을 마주하지 않으려 한다. 그리고 두려워 마주하지 않는 바로 그것에 사로잡힌다. 그러나 깨어나면, 즉 죽음에 대한 두려움을 마주할 용기를 내면 지금까지 살면서 경험한 모든 것이 심상mental image임을 알게 된다.

나는 당신이 세상을 보는 방식으로 세상을 볼 수 없다. 내가 아무리 당신에게 마음을 쓴다고 해도 당신의 간이나 신장이 될 수 없으며 당신이 겪는 그 무엇도 될 수 없다. 마찬가지로 당신도 당신의 간이나 신장이 아니다. 삶의 모든 것에 지각적으로 접근하는 방법, 즉 생각이 바로 우리 자신이다. 생각은 죽지 않는다. 생명력이 있는 것, 지성이 있는 것, 완전한 것은 그 무엇도 죽지 않는다. 그저 다른 차원으로 이행하는 것뿐이다.

할머니 이야기로 돌아가서, 나는 그 무엇도 할머니를 돌아가시게 할 수 없었음을 안다. 할머니의 본질은 사라지지 않았다. 95년의 삶에서 할머니가 쌓아 올렸고 해야 했던 모든 일은 이제 다른 차원의 관점에서 보면 전부 환상이다. 전부 그저 겪은 일이었을 뿐이며 할머니는 이제 다른 차원에서 그런 일을 만들어내고 있다.

앞서 이야기했던 것처럼 인간은 다차원적 존재다. 육체는 우리가 경험하는 하나의 차원이며 그 외에도 다른 차원이 많다. 이 점을 상상하려고 노력하라. 그러기 어려운가? 너무 비이성적이고 형이상학

적이고 철학적이고 어려운가? 그러나 우리는 이미 인생의 3분의 1에 해당하는 시간 동안 이런 차원들을 경험하고 있다.

꿈을 꿀 때 우리는 어디로 가는가

사람들이 종종 내게 묻는다.

"죽으면 어디로 간다고 생각하세요?"

그러면 나는 이렇게 말한다.

"잠이 들었을 때 어디로 가세요?"

잠들었을 때 우리는 무엇을 할까? 육체라고 불리는 차원을 떠나 형상이 없는 차원으로 들어간다. 잠자는 내내 순수하게 생각에만 빠져 있으며 그래도 다 괜찮다. 잠에 빠지는 걸 문제라고 생각하는 사람은 아무도 없다. 일어나면서 "휴! 이 꿈속에 계속 머무르게 될까 봐 너무 무서웠어!"라고 말하는 사람도 없다.

잠에 빠져 형상이 없는 차원에 있을 때 규칙이 어떻게 달라지는지 알려주고 싶다. 거기에는 시작과 끝이 없다. 원인과 결과도 없다. 시간도 없으며 삶과 죽음도 없다. 가령 이미 죽은, 사랑하는 사람을 꿈속에서 만난 적이 있을 것이다. 지금보다 어린 자신의 모습을 보기도 한다. 꿈에서 다시 18세가 되면 마치 18세인 것처럼 보고 느낀다.

나는 해군에 복무했는데 군대에서 내 전역일을 잊었다는 꿈을 꾼 적이 있다. 이미 4년간 군 복무를 했는데 이제는 제대할 때가 되었다는 걸 누구에게도 인정받을 수 없었다. 집으로 돌아가 대학에 가고 결혼도 하고 아이를 낳고 내 인생을 살아야 하는데 모든 사람이 이렇게 말했다. "당신의 복무 기록을 찾을 수 없군요." 정말 끔찍한 꿈이었다!

삶에서 제3의 영역인 꿈에서는 시간도 공간도 없고 어떤 한계도 없으며 진짜 현실이다. 꿈에서 우리의 몸은 생각하는 대로 움직이며 원래 갖고 있던 물리적인 형태를 초월한다. 꿈을 꾸는 이유 중 하나는 우리가 현실에서 마주치는 온갖 장애물이 실은 기회임을 알려주기 위해서다. 꿈속에서 우리는 무엇이든 만들고 무엇이든 될 수 있다.

꿈속에서 날씨가 좋은 날에 혼자 운전하고 있다. 그런데 갑자기 길이 끝나더니 절벽이 나온다. 어떻게 해야 할까? 어찌 된 일인지 몸에서 날개가 솟는다. '날아서 건너야겠어'라고 생각하니 그렇게 이뤄진다. 만일 물속에 오랜 시간 동안 잠수해야 한다 해도 아무 문제 없다. 아가미를 만들면 된다.

꿈은 의식의 다른 수준을 파악하는 하나의 방법이다. 잠이 들면 새로운 영역으로 들어가기 때문이다. 꿈을 꾸는 동안에는 다른 세계, 순수한 생각으로 이뤄진 세계에서 산다. 무슨 일이든 할 수 있고 무엇이든 만들 수 있다. "오, 저는 몸이 없어서요. 그건 환상이에요."

이런 말은 하지 않는다. 꿈이라고 해도 누군가 칼을 들고 다가오면 그에 대한 반응은 현실적이다. 꿈에서 깨면 심장은 정말 빨리 뛰고 있지만 꿈을 떠올리며 말할 수 있다. "그건 꿈이었어. 칼을 든 사람은 없어."

꿈속의 일이 몸으로 나타나는 경우도 있다. 그중 하나가 몽정이다. 나는 몽정이 대단히 흥미롭다고 여긴다. 보통 성적인 경험을 하려면 어떤 식으로든 신체적 접촉이 있어야 한다고 생각하지만 꿈꾸는 동안에도 그런 경험을 할 수 있다. 오직 생각의 세계에서 일어나는 일인데 물질세계에 영향을 미치는 것이다. 실제로 두 사람이 성적 관계를 맺을 때조차 전부 생각으로 이뤄진다. 사람의 몸에서 가장 큰 생식기관은 뇌이기 때문이다.

모든 건 생각을 통해 이뤄진다. 생각할 수 없으면 마음속에 그릴 수 없고, 그릴 수 없으면 실현할 수 없다. 인생이라는 춤은 생각을 통해 출 수 있으며 그 이상 아무것도 없다. 삶에서 가장 중요한 건 생각, 즉 의식이다.

꿈과 현실 사이의 또 다른 차원

— ✧ —

의식에는 여러 단계가 있다. 그림으로 그리자면 발판이 세 개 있는 사다리 같다. 맨 아래 발판은 꿈꿀 때의 의식이다. 그다음 발판은 깨어 있을 때의 의식으로서 바로 우리가 대부분의 시간 동안 유지하는 일상적인 의식 단계다. 마지막으로 맨 위의 발판은 일상적인 의식 단계 너머에 있는 다른 수준의 단계다. 이 단계에 대해 지금은 일단 물음표만 달아두자.

어렸을 때 나는 맨 아래 단계에서 기이한 경험을 했다. 놀랍게도 꿈을 꾸는 동안 현실의 사람들과 이야기를 나눌 수 있었다. 내가 잘 때면 형들이 어머니나 다른 가족을 데려와 무슨 일이 일어나는지 보여주곤 했다. "얘 좀 보세요." 큰형인 짐이 내게 침대 시트를 주면서 말했다. "웨인, 학교 가야지. 여기 셔츠 입어." 나는 침대 시트에 팔을 넣으려 애썼지만 소매를 찾지 못했다. 그래도 계속 팔을 넣으려고 했다. 짐이 어머니에게 말했다. "얘 좀 보세요. 자기가 옷을 입고 있는 줄 안다니까요." 한번은 삽으로 눈을 퍼내는 꿈을 꾸다가 이렇게 말한 적도 있었다. "삽이 어디 있지?" 그러자 짐이 말했다. "웨인, 네 삽은 여기 있어. 와서 가져가."

짐은 두 번째 발판, 즉 일상적인 의식으로 말했고 나는 꿈속 의식으로 말한 것이다. 나는 형과 다른 의식 단계에 있었으므로 꿈이 진짜 같았다. 형이 내 장단에 맞춰 꿈속에서 나와 함께 있는 듯 말하고 행동했다면 나는 계속 그런 상태였을 것이다. 반대로 형이 "미쳤구나. 웨인, 지금 너 꿈꾸는 거야. 빨리 일어나."라고 말했다면 나는 더 깊은 무의식에 빠졌거나 아니면 꿈에서 깰 삽이 없다는 걸 알았을 것이다.

물론 결국에는 그렇게 되었다. 나는 일어나 형에게 또다시 물었다. "삽이 어디 있어?" 그러자 짐이 말했다. "오, 너 깼구나." 그제야 나는 내가 삽을 갖고 있지 않고 삽을 갖는 '경험'을 했음을 알았다. 하지만 믿을 수 없을 정도로 모든 일이 진짜 같았다.

꿈을 꾸고 있는 걸 아는 유일한 때는 깨어났을 때뿐이다. 따라서 지금 하는 행동이 환상이라는 걸 알기 위해서는 깨어나야 한다. 이것이 꿈속 의식 단계에서 일상적인 의식 단계로 올라가는 문이다. 만일 한 의식 수준에서 다른 의식 수준으로 이동하려고 한다면 짐이 한 것처럼 위의 발판에 서 있는 누군가가 아래로 내려와 함께 서 있는 척하는 방법을 권한다.

이제 앞서 물음표를 달았던 세 번째 의식 단계에 관해 이야기해보자. 의식의 단계란 무엇이며 각 단계는 무엇이 다를까? 만약 세 번째 의식 단계에 있는 사람이 의식 단계를 높였을 때 어떤 일이 가능한지 알려주고 싶다면 일상의 의식 단계로 내려와 우리와 함께해야 한다. 깨어 있던 짐이 꿈꾸는 나와 이야기를 나누었던 것처럼, 우리와 함께 일상에 있는 척하면서 다른 차원을 보여주어야 한다. 그는 더 이상 꿈과 같은 환상 속에서 살 필요가 없음을 알려주고 그런 다음 다른 차원으로 떠난다.

아마도 정신 능력이 높은 사람들이 바로 이런 일을 하는 게 아닐까. 그들은 환상을 볼 수 있으며, 환상을 경험하는 건 진짜지만 사실 그 환상은 진짜가 될 수 없음을 안다. 우리는 아무것도 가질 수 없고 손에 넣을 수 없다.

세상에는 이처럼 높은 의식 단계에 이른 사람들이 많다. 그들은 우리에게 더 높은 곳이 있음을 알려주려고 애쓰며 도와준다. 여기서 더 높은 곳이란 어떤 모습을 갖춘 세계가 아니다. 그것은 탈바꿈이다. 더 높은 곳에 이르면 우리는 다음 차원을 드나들 수 있다. 그러고 나서 그다음 차원, 또 그다음 차원…. 이렇게 차원을 넘나들게 된다.

삶이라는 꿈에서는 모든 것이 가능하다

───✦───

어렸을 때의 경험을 통해 나는 꿈속에서 손에 쥐었던 삽은 환상이었지만 삽을 쥐는 경험은 정말 생생하다는 걸 깨달았다. 우리가 죽어 육신을 떠나면 지금까지 살아온 인생을 떠올릴 것이다. 살면서 쌓아 올린 것과 매달려온 모든 것, 즉 돈을 비롯해 가져갈 수 없는 우리의 모든 '삽'은 전부 환상이었음을 깨닫는다. 그리고 지금 우리의 의식 단계에서 필요한 모든 것을 얼마든지 만들어낼 수 있음을 알게 된다. 우리는 모든 걸 만들어냈다. 만약 매일 함께 싸울 파트너가 필요하다면 만들어낼 수 있다. 가난이 필요하다면 만들어낼 수 있다.

이것이 삶의 본질이다. 우리가 깨어 있는 일상의 의식보다 높은 차원의 의식이 존재한다. 그렇게 환상을 살면서 인생을 전부 즐길 수 있고, 전부 해낼 수 있다. 필요한 건 무엇이든 만들어낸다. 만일 집 안 가득히 아이들이 필요하다면 아이들을 만든다. 열쇠를 잃는 경험이 필요하면 그 또한 만든다. 높은 차원의 의식으로 움직이는 모든 것을 만들 수 있다.

이제 자면서 꿈을 꾼다고 해보자. 꿈에서 원하던 돈과 모든 것을 가졌다. 그리고 잠에서 깨어났지만 꿈에서 가졌던 것에 여전히 집착한다. "잠깐만, 꿈속에서 가졌던 것들이 있었으면 좋겠어. 금도 있었고 친구들도 있었고 페라리도 있었어. 그걸 다 가져야 해!" 그러면 누군가가 다가와서 말한다. "그건 꿈이었어요. 꿈에서 본 것에 집착해선 안 돼요. 그저 당신의 생각일 뿐인걸요."

인생도 일종의 꿈이다. 우리는 8시간짜리 꿈을 꾸는 게 아니라 80년, 90년짜리 꿈을 꾼다. 꿈에서 가졌던 모든 것을 깨어난 후에도 가지기를 바라지는 않는다. 그건 가질 수 없는 것임을 알기 때문이다. 꿈에서 본 그 무엇도 내 것이 될 수 없다. 그런데도 집착하는 건 어리석은 일이다. 삶이라는 꿈에서 가진 것에 집착하는 것도 똑같이 어리석다. 사실 높은 의식 단계에 도달하면 지금 당신이 가진 모든 것을 떠올리며 이렇게 물을 것이다. '무엇 때문에 그게 필요하지?'

깨어 있는 의식은 꿈꾸는 의식과 비슷한 구석이 있다. 이 의식 속에서는 그 무엇도 우리를 제한하지 않는다. 이것이 바로 '깨어 꿈꾸는 사람'waking dreamer의 상태다. 우리는 우리의 몸이나 소유물이 아니며 그런 것은 전부 꿈에서 필요해서 만들어낸 것에 불과하다. 우리는 현생이라는 꿈속에서 필요한 걸 만들어낸다. 문제는 이 꿈이 너무나 진짜 같아서 꿈이라고 부르고 싶지 않다는 점이다. 그래도 정확히 이야기하면 꿈은 꿈이다.

혹시 이런 경험을 해본 적이 있는가? 아주 재미난 꿈을 꾸고 있었는데 다른 차원의 뭔가가 나타나, 예를 들면 벨이 울리거나 쾅 하고 문 닫는 소리가 들리거나 전화가 오거나 해서 눈을 떠야 했던 상황 말이다. 말하자면 반쯤 깨서 육체로 다시 돌아온 것이다. 이럴 때는 순수한 생각의 세계에서 멋지고 좋은 것을 만들다 떠나온 것이므로 이렇게 중얼거리기도 한다. '빨리 다시 잠들어서 꿈이 어떻게 이어지는지 알고 싶어.'

강연에서 이 이야기를 할 때 나는 청중에게 이런 질문을 던진다.

"이게 무슨 일인가요? 만일 여러분이 꿈을 만들었다면 왜 다시 잠들어 꿈에서 어떤 결과가 생기는지 확인해야 할까요? 꿈의 내용을 쓰는 사람은 바로 여러분인데 말입니다!"

이는 마치 작가가 이야기를 쓰면서 결말을 궁금해하는 것과 다름없다. 하지만 내가 쓴 이야기라면 원하는 대로 결말을 쓸 수 있다.

그렇다면 다시 잠들어 꿈속으로 돌아가려고 하는 건 어떻게 설명할 수 있을까? 당신이 아니라면 대본을 쓰는 사람은 누구인가? 당신은 다른 규칙이 지배하는 새로운 차원에 들어갔고 그곳에서 이제 새로운 역할을 맡는다. 당신은 이미 이야기가 만들어져 있는 차원에 들어섰고, 우리는 항상 이런 차원에 들어선다. 이 멋진 생각의 차원은 바로 우리 옆에서 우리를 기다린다.

삶이라는 꿈속에서 필요한 모든 걸 만들어본 적이 있는가? 시간이 되어 마침내 육신을 떠날 때 그동안의 삶을 떠올려보면 모든 것에 대한 집착이 꿈에서 나온 칼을 든 남자와 똑같이 환상이었음을 알게 된다. 물론 경험하는 동안에는 진짜지만 달라진 관점에서 보면 그런 건 존재하지 않는다. 깨어나면 이런 사실을 알게 된다. 인생이 전부 꿈이라는 걸 깨닫는다.

누구나 이 꿈에서 각자 맡은 역할이 있다. 나는 웨인 다이어라는 몸을 빌리고 있다. 당신은 마저리나 샐리 혹은 조지라는 몸을 빌리고 있다. 하지만 깨어나면 그런 모습은 그저 맡은 역할에 불과한 환상이라는 걸 깨닫는다. 그렇다고 해서 그 모습으로 사는 것을 즐기지 말라는 말은 아니다. 꿈을 즐기면 안 될 이유가 있을까? 결국 꿈이란 우리가 만든 것인데 말이다.

만일 꿈의 내용이 만족스럽지 않거나 성취감을 주지 않는다면 그렇게 만들면 된다. 그러기 위해서는 생각을 바꾸기만 하면 된다. 생각이 전부이기 때문이다. 자신이 배우라고 생각하라. "에이, 오늘 아침에 제가 했던 짓은 우스웠어요. 사실 멍청한 짓이었죠. 더는 그렇게 할 것 같지 않아요." 진짜 나라는 존재는 몸이 하는 일 너머에 있다는 걸 기억하라. 그리고 한발 물러서서 자신이 하는 모든 일을 살펴보자. 이것을 이해하면 꿈의 나머지 부분은 원하는 대로 이뤄진다. 우리는 꿈을 꾸는 동안 원하는 건 무엇이든 만들어낼 수 있다. 생각을 바꾸면 모든 것이 이뤄진다.

인생의 큰 그림을 본다는 것

———◆———

우리는 죽음이라는 방식을 통해 궁극적으로 신체를 초월할 수 있다. 우주의 가장 큰 미스터리를 아는 척하려는 건 아니지만 나는 죽음이 두렵지 않다. 죽음으로 생각을 없앨 수 없다는 걸 알기 때문이다. 우리는 생각이다. 생각은 파괴할 수 없기에 우리도 사라지지 않는다. 우주에서 생각은 궁극의 진동으로서 영원히 울린다.

단 한 방울의 원형질 안에 모든 것이 프로그램되어 있다. 지금 모습으로 평생 살아가는 데 필요한 모든 것이 말이다. 전부가 수수께끼지만 꿈에는 제한이 없다. 꿈꾸는 동안에는 할 수 있는 일에 대한 어떤 제한도 없다. 무엇이든 될 수 있고 할 수 있으며 어디든 갈 수 있다. 몇 살이든 상관없이 말이다. 모든 일이 정말 진짜 같고 아주 극적이다. 잠드는 건 두렵지 않은데 몸의 모습을 바꾸는 건 왜 두려울까? 몸은 그저 모든 존재의 일부일 뿐이다.

일어날 일은 전부 일어나기로 되어 있다. 심지어 우리가 그토록 뿌리 뽑고자 하는 질병이나 부패 같은 문제조차도 신의 계획에 들어 있다. 이 역설을 우리는 이해해야 한다. 미국의 작가 스콧 피츠제럴드는 인간이 얻을 수 있는 최고의 지성이란 바로 이런 역설, 즉 모순되는 두 개념이 동시에 존재할 수 있음을 이해하는 것이라고 했다. 그에 따르면 이 완벽한 우주에서는 모든 것에 희망이 없기 때문에 희망을 품는 일이 너무나 당연하다. 굶주리는 사람이 있기에 그들을 돕는 일을 하겠다고 마음먹을 수 있다. 이런 역설이야말로 우리가 도달해야 할 가장 높은 곳이라는 피츠제럴드의 말에 공감하는 건 우리 역시 역설적인 존재이기 때문이다.

우리는 공존하는 두 가지 규칙과 더불어 산다. 우리는 육신의 세계에 산다. 이 세계에는 그에 따른 규칙이 있다. 또한 우리는 정신의 세계에 사는데 여기에는 완전히 다른 규칙들이 존재한다. 이처럼 우리는 하나로 존재하지만 동시에 두 세계에서 산다. 복잡해 보이지만 실은 큰 그림을 생각하면 되는 단순한 일이다.

큰 그림을 이해하는 방법은 각자 다르지만 누구나 이해할 수는 있다. 큰 그림을 안다는 건 인생에는 몸으로 겪는 일보다 더 많은 일이 존재한다는 걸 아는 것이다. 우리를 꼼짝 못 하게 하고 우울하게 하고 화나게 하는 일은 아무것도 없다는 걸 마음과 영혼으로 아는 일이다. 이제 당신은 새로운 지성을 갖췄다. 죽음에 관한 두려움을 없애고 진정한 가능성과 행복으로 우리를 이끄는 지성 말이다. 당신은 이런 사실을 전부 보고 이해했다.

갈등 앞에서 편안해지고 사소한 일로 스트레스받지 않으며 현재를 즐기고 기쁨을 찾기 위해, 즉 큰 그림을 보기 위해 죽음의 경험이 필요하다면 임사체험을 하면 된다. 다만 마음속에서 해야 한다. 명상이 하나의 방법이 될 수 있고 다음과 같은 시각화 기법도 있다.

마음속으로 자신의 장례식장에 참석했다고 상상해보자. 끔찍한 병으로 고통 끝에 죽은 자신의 모습을 보라. 그리고 장례식의 모습을 잘 살펴보라. 전부 경험하라. 그러는 동안 아마 다음과 같은 생각이 자연스레 떠오를 것이다. '이런 일이 굳이 실제로 일어날 필요는 없어. 마치 꿈꾸는 것처럼 마음속에서 겪어보고 진짜 같은 그 느낌을 얻는 거야. 그러고 나서 더는 육신의 세계에 그런 일을 불러들일 필요가 없다고 결정하는 거야. 나는 어떤 일을 하지 않겠다는 결정을 내릴 수 있어.'

큰 그림을 보기 위해 필요한 것이라면 뭐든지 좋다. 내 말은 육체의 세계, 물질세계에서 꼭 겪지 않아도 되는 일이라는 것이다. 우리는 변신할 수 있고 육체를 초월해 형이상학적으로 접근할 수 있다.

아무런 한계도 없는 마음속에서 경험하라. 생각 속에서는 어디든 갈 수 있다. 그런 다음 생각에서 벗어나면 깨닫는다. '좋아, 이걸로 충분해. 이제 겪어본 일이야. 큰 그림을 보자. 그 일은 내 인생으로 불러올 일이 아니야.' 일단 이렇게 생각하고 마음속의 일로 그치면 큰 그림이 주는 혜택을 누릴 수 있다.

삶이라는 새장에서 빠져나오는 법

재미있는 옛날이야기 하나를 들려주겠다. 2년에 한 번 아프리카에 가는 사냥꾼이 있었다. 그는 아프리카에서 잡은 동물을 포상처럼 집으로 가져왔다. 어느 해 그는 정글에서 거대한 동물 서식지를 발견했다. 그곳에는 알록달록한 색깔의 아름다운 앵무새들이 가득했는데 놀랍게도 앵무새들은 전부 말을 할 수 있었다. 도저히 그냥 지나칠 수 없었던 사냥꾼은 앵무새 한 마리를 잡아 집으로 가져왔다. 그리고 앵무새를 새장 속에 두고 정성 들여 돌보며 매일 말을 걸어주었다. 2년 후 그는 앵무새에게 말했다.

"난 다시 아프리카에 갈 거야. 정글에 있는 친구들에게 전했으면 하는 이야기라도 있니?"

그러자 앵무새가 말했다.

"있어요. 당신과 함께 여기 새장 속에서 아주 행복하게 지낸다고 말해주세요. 그렇게만 말씀하시면 돼요."

사냥꾼은 2년 전 그 앵무새를 잡았던 정글로 갔다. 그리고 그곳에 있는 다른 앵무새들에게 말했다.

"내가 잡아갔던 너희 친구가 전할 말이 있대. 나와 함께 새장 속에서 지내는 게 행복하다고 했어."

그 말을 듣자마자 나뭇가지에 앉아 있던 앵무새 한 마리가 바로 기절했다. 집으로 돌아온 사냥꾼은 그 일을 앵무새에게 이야기했다.

"정글로 돌아가서 네가 부탁했던 이야기를 전했어. 그런데 말을 전하자마자 네 친구 하나가 너를 몹시 그리워하면서 떨어져 죽어버렸어."

그 순간 새장 속의 앵무새도 쓰러졌다. 앵무새의 다리는 곧장 하늘을 향했고 몸은 뻣뻣하게 굳었다. 사냥꾼은 앵무새의 옆에 있었지만 어떻게 이런 일이 일어난 건지 알 수 없었다. 그는 죽은 앵무새를 새장에서 꺼내 장작더미 위에 올려놓았다. 그런데 바로 그 순간 앵무새는 숲으로 날아갔다. 사냥꾼이 놀라 말했다.

"뭐야? 난 네가 죽은 줄 알았어. 나를 속였구나!"

"친구가 제게 메시지를 보냈어요. 그 친구는 새장에서 벗어나려면 살아 있으면서 죽어야 한다는 걸 행동으로 보여준 거예요."

이 이야기는 아주 오래전부터 전해 내려온 것이다. 어떤 메시지를 담고 있는 걸까? 이 세상이 전부 새장이라는 걸 당신은 알고 있는 가? 우리는 집이나 직장, 사는 지역이나 시대, 문화 등 인간으로서 주어진 한계에 갇혀 있다. 모두가 새장 속에 있다. 이야기 속 앵무새보 다는 환경을 바꿀 여지가 많기는 하지만 그래도 갇혀 있는 건 똑같다.

그렇다면 이 새장에서 어떻게 빠져나와야 할까? 이야기 속 앵무새 처럼 살아 있는 동시에 죽어야 한다. 사람은 누구나 죽는다. 그러니 먼저 경험해도 괜찮지 않을까? 몸을 떠나 죽은 자신의 모습을 보되 지금 무슨 일이 일어나는 건지 떠올릴 수 있어야 한다. 마치 원하는 걸 손에 넣는 꿈을 꾸는 것과 비슷하지만 보다 넓은 시각에서 돌아볼 수 있어야 한다. 그 과정에서 어리석었거나 판단력이 부족했던 모습, 뭔가에 매달리고 집착하는 모습, 원하는 걸 갖지 않으면 행복할 수 없다고 말하는 모습 등을 돌아볼 수 있다.

마치 꿈을 꾼 것처럼 이런 모습들을 돌아보는 순간, 형상이 없는 다차원적인 존재를 경험하는 순간 그동안 매달려왔던 모든 일이 환 상이었음을 알게 된다. 더는 필요하지 않은 일이다. 이제는 새로운 삶의 방식, 새로운 존재 방식이 있다. 더 조용하고 쉬우며 힘들지 않 고 고통스럽지 않은 방식이다. 고통은 육신이 쇠락해지는 데서 비롯 되므로 형상을 벗어나면 고통이 줄어든다. 우리는 몸이 있는 곳이 아 닌 다른 곳에 있으며 그런 경험을 실제로 했다. 삶을 돌아보며 얼마 나 어리석게 집착했는지 알았다. 우리는 무엇도 소유할 수 없다는 것, 말하자면 인생 속에서 흘러가는 중이라는 것을 깨달았다. 집착하지 않으면 모든 일이 쉽고 완벽하게 잘 이뤄진다.

이 세상에 있는 동안, 살아 있는 동안 가져야 한다고 생각하는 것과 멀어지려고 노력하라. 필요한 건 이미 전부 가지고 있다. 그런 필요를 좇지 않아도 된다는 걸 깨달을 때 엄청난 만족감을 느끼며 깜짝 놀랄 것이다.

여기서 분명히 짚고 넘어갈 점은 살아 있는 동시에 죽어야 한다는 건 물리적으로 죽는 게 아니라는 점이다. 전부 마음속으로 행하는 일이다. 명상을 훈련하고 높은 정신세계에 이르면 자신의 죽음을 경험하는 연습을 할 수 있다. 자신의 죽음이 어떤 모습인지 보고 느낄 수 있다. 시간이라는 개념이 없다면 8시간짜리 꿈이나 80년짜리 꿈이나 기본적으로 같다. 그러니 지금 뭔가에 집착하는 것, 즉 뭔가를 가져야 한다거나 그것이 나를 나타낸다고 생각하는 것은 시간도 육신도 사라지고 세상에 아무것도 존재하지 않는 죽음의 관점에서 볼 때는 어리석기 그지없다.

어느 철학자의 이야기다. 사람들이 철학자에게로 와서 신이 있는지, 사후세계를 믿는지 물었다. 철학자가 말했다. "저는 사후세계를 믿지 않아요. 하지만 생각은 결코 죽일 수 없다는 걸 알고 있죠. 그 무엇도 정신을 죽일 수는 없어요. 정신은 영원하고 우주가 영원하듯 사람도 영원합니다."

나도 같은 생각이다. 이 사실을 알면 그렇게 살게 된다. 육체가 죽는 건 두렵지 않다. 그래서 지금 하는 모든 일을 이 세상에 없는 죽은 자의 관점, 꿈꾸는 자의 관점에서 보려고 노력한다.

꿈꾸는 동안에는 지금 하는 모든 일이 정말 재미있고 진짜 같다. 우리는 꿈속의 일을 겪으면서 "오, 이건 중요하지 않은 일이야."라고 말하지 않는다. 깨어 있을 때도 삶을 돌아보며 "그 모든 걸 다시 갖고 싶어. 가져야 해. 이런 식으로 했다면 좋았을 텐데."라고 말하지 않는다. 우리는 이런 행동은 하지 않는다. 그냥 다음 단계로 나아갈 뿐이다. 이제 우리에게는 새로운 관점이 있으며 이 관점에서 보면 아주 단기간에 뭔가가 필요하지 않다. 영원은 우리 모두에게서 작은 점 하나 떨어진 곳에 있다. 따라서 우리는 그 무엇도 필요하지 않다.

항상 걱정하고 상처받고 분노하는 대신 현재에서 벗어나 완벽한 세계의 일부가 되어라. 인생이 흘러갈 수 있도록 하라. 모든 고통은 육신이 쇠락하는 데서 나온다. 그러나 생각에는 고통이 따르지 않는다. 몸은 고통을 겪지만 생각은 고통을 느끼지 않으며 따라서 우리는 고통을 느끼지 않는다. 그렇기에 아무것도 소유할 필요가 없다. 삶의 모든 걸 돌아보는 새로운 관점, 즉 우리의 인간성 또는 신성은 소유물에 있는 게 아님을 기억하라. 그것은 우리가 생각하는 방식에 들어 있다.

오늘이 내 인생 마지막 날인 것처럼

‘오늘은 남은 인생의 첫 번째 날이다’라는 표현을 다시 생각해보자. 나는 이 말을 ‘오늘은 우리 인생의 마지막 날이다’로 바꾸고 싶다. 우리에게 보장된 남은 인생 같은 건 없다. 주어진 건 지금뿐이다. ‘죽음은 자연이 우리에게 느긋해지라고 말하는 것’이라는 오래된 농담도 있다. 물론 그럴 것이다. 하지만 농담은 전부 접어두고 죽음에 관해 생각해봐야 한다.

삶 자체는 마무리되지 않는 것이다. 적절한 장소에 전부 정리하고 나갈 수 있는 그런 일이 아니다. 아침에 신이 “너는 오후 11시 30분경에 세상을 떠나 오늘 밤 나를 만날 것이다.”라고 말해주지 않는다. “신이시여, 잠깐만요. 잘 모르시나 봅니다. 샴푸 세 통을 샀어요. 이 샴푸만 다 쓰면 떠날 준비가 될 것 같아요. 그런데 신이시여, 냉장고에 입도 대지 않은 스테이크용 고기도 있어요. 할인 가격으로 샀는데 아직 한 입도 못 먹었는걸요.”라고 말할 수도 없다. 생의 마지막 날에 신을 화나게 하고 싶지는 않을 것이다. 그랬다가는 신이 “그럼 11시 20분에 만나세, 친구.”라고 말할 수 있으니 말이다.

매일 아침 이렇게 말하는 습관을 들여보자. “오늘이 내 인생 마지막 날이야.” 알다시피 사람은 누구나 생의 마지막 날을 맞이한다. 살아서 세상을 떠나는 사람은 없다. “오늘이 내 인생 마지막 날이야.”

라고 말하면 물질세계와 비물질세계에 대한 완전히 새로운 관점을 얻는다. 죽음이란 두려워해야 할 대상이 아니라 그저 또 다른 이행 과정에 지나지 않는다.

출근길 교통체증이 심각한 도로 위에 있다고 해보자. 살면서 겪는 마지막 교통체증이라고 생각하면 짜증 나는 이 상황도 즐길 수 있다. 이 다리를 마지막으로 건너는 것이라면 다리를 더 유심히 살필 것이다. 그리고 도로에 줄지어 서 있는 모든 차량과 사람들에게 이렇게 말하고 싶을 것이다. "저는 웨인 다이어예요. 오늘 밤 세상을 떠날 겁니다. 그런데 제가 저 다리를 얼마나 좋아했는지 말하고 싶었어요. 저 다리, 정말 멋져요!"

급할 건 없다. 천천히, 주어진 시간을 음미하라. 인생의 모든 것을 이런 태도로 대한다면 어떨까? 큰 그림에 시선을 두면 그런 태도를 기르는 데 도움이 된다.

제4장

얽매이지 않고
진정으로 자유로워질 것

THE POWER *of* AWAKENING

자유에는 두 가지 종류가 있다. 첫 번째 자유는 내가 '거짓 자유'라 부르는 것으로 말 그대로 가짜 자유를 뜻한다. 진정한 자유가 아님에도 세상의 많은 사람이 이 거짓 자유를 추구한다.

　가장 흔한 거짓 자유는 약물이나 술을 통해 얻는 자유다. 사람들은 행복을 느끼기 위해, 들뜬 기분이 되고 싶어서, 쾌감에 빠지려고 약물이나 술을 찾는다. 요즘은 불법 약물도 어디서나 구할 수 있다. 전 세계 모든 대도시뿐 아니라 아주 작은 마을에서조차 연령대를 막론하고 많은 사람이 약물이나 술에 빠져 있다.

　약물이나 술을 통해 얻는 자유가 거짓 자유인 이유는 아무리 먹어도 충분하다고 느끼지 못하기 때문이다. 약물을 하는 사람은 대부분 시간을 약에 취해 행복을 느끼는 순간을 갈구하며 보낸다. 그리고 잠깐의 쾌감과 자유로움을 느끼고 나면 몇 분도 채 안 되어 이렇게 말한다. "더 해야겠어."

정말로 자유로운 사람이라면 뭔가가 더 필요한 게 아니라 만족해야 한다. 자유의 진정성을 확인하는 방법은 자유로움을 계속 유지하기 위해 뭔가가 더 필요하다고 느끼는지를 보는 것이다. 뭔가가 더 필요하다면 그건 자유로운 상태가 아니다. 내가 그 대상을 갖는 게 아니라 그 대상이 나를 소유하는 것이다. 내가 그것을 사용하는 게 아니라 그것이 나를 사용하는 것이다. 얼마 안 가 그 대상에 사로잡혀 욕망하고 소유하고 사용하고 다시 욕망하기를 반복한다. 그렇게까지 원하지는 않는데도 절대 충분하다는 생각이 들지 않는다.

그렇다. 원하지 않는 걸 좇는다는 게 역설적이다. 우리는 약물이나 술을 그렇게 원하지 않는데도 끊임없이 약물이나 술을 먹으려 하고 절대 충분하다고 생각하지 않는다. 이처럼 물질을 통해 자유를 추구하면 원하지도 않으면서 계속 욕망하는 덫에 갇힌다. 약물이나 술을 통해 기쁨과 행복을 경험하는 순간은 자유롭다고 생각하지만 이는 육체에 한정되는 기쁨이다. 그래서 1~2분 동안만 행복이 지속될 뿐 그 후에는 더 가져야겠다는 생각만 든다.

그러나 진정한 자유는 더 많은 것을 요구하지 않는다. 진정한 자유를 경험하면 "만족할 수 없어. 더 많이 가져야겠어." 같은 말은 하지 않는다. 대신 더없이 행복한 감정을 느낀다. 높은 자아를 아는 자유, 내면의 신성함을 아는 자유다.

진정한 자유를 느끼면 '나는 여기에 있어. 이게 바로 그거야. 이미 내게 있어'라는 감각을 느낀다. 우리에게 더 많은 걸 요구하거나 빚을 지우거나 우리의 건강을 위협하는 것 혹은 중독으로 우리를 사로잡는 것은 모두 거짓 자유다.

이번 장에서는 진정한 자유에 관해 알아본다. 진정한 자유란 자기만 생각하거나 자기에게 어떤 일이 생길지 생각하지 않고 삶의 목적과 다른 사람을 돕는 일에 집중하는 것이다. 대부분 사람은 자신이 그럴 수 있을 것이라는 생각조차 하지 않는다. 하지만 나는 누구나 진정한 자유를 얻을 수 있다는 걸 안다. 진정한 자유는 인식을 높임으로써 얻을 수 있는데 지금까지 살면서 대부분 사람이 경험해온 바와는 아주 다르다. 진정한 자유는 깨어서 얻을 수 있는 또 하나의 멋진 결과이기도 하다.

어디로 갈지 선택하는 힘은 내게 있다

———— ✦ ————

높은 자아는 물질세계에 묶여 있지 않다. 사실 높은 자아에는 경계가 없다. 이것을 나는 '어디에도 존재하지 않는 것'이라고 부른다. 태어났을 때를 생각해보면 우리는 어디에도 없다가 갑자기 지금 이 세상에 존재하게 되었다. 그것과 같은 개념이다. 어디에도 없다가 지금 이 세상에 있는 것, 그것이 삶이고 나중에 다시 어디에도 없는 상태로 돌아간다. 하지만 자각, 즉 내가 정말로 누구인지 아는 이 높은 자아는 어디에도 없었다가 지금은 이 세상에 있고, 나중에 아무것도 없는 곳으로 돌아갈 때도 함께한다. 이것은 태어났던 적도 없고 죽는 법도 없다.

우리는 아무것도 없는 곳에서 어떤 신비로운 방식으로 세상에 다다랐다. 어떻게 그럴 수 있는지 내가 안다고 말하지는 않겠다. 내게는 어떤 단서도 없으며 나도 당신처럼 과정의 일부일 뿐이다. 당신이 세상에 나타났던 것과 같은 방식으로 나도 이곳에 왔다. 우리는 모두 어디에도 없다가 이제 여기에 왔고 영원이 우리를 감싸고 있다. 앞서 설명했던 것처럼 높은 자아는 영원하고 변함이 없으며 형태도 없다. 우리에게 영원하지 않은 건 육체, 즉 겉모습이며 이 겉모습은 계속해서 변한다.

우리는 이 세상에 태어나기 전에 지금의 몸으로 어떤 현실을 살아갈 것인가를 담은 계약에 서명했다. 계약서에는 우리가 할 수 있는 일과 할 수 없는 일이 적혀 있다. 예를 들면 성공할 수 있다거나 아주 빠르게 달릴 수 있다거나 같은 식이다. 그리고 부모님, 이웃, 선생님,

코치 등 선의의 후원자를 많이 얻는다. 후원자는 전부 좋은 뜻으로 우리를 대하지만 우리의 한계가 어디인지, 우리에게 가능한 건 무엇이고 가능하지 않은 건 무엇인지 그들의 생각을 바탕으로 계약을 강화한다.

대부분 사람은 평생 부모와 가정, 학교와 종교적 훈련 등에서 배운 단계에 따라 살아간다. 그 배움에 이의를 제기하는 건 아니다. 이는 전부 신의 계획에 따라 이뤄지는 일이다. 하지만 우리가 기적을 일으킬 곳으로 가려면 지금까지 배운 단계를 정확히 이해해야 한다. 그래야 비판 없이 단계를 지울 수 있다.

이제 당신에게 새로운 계약서를 쓸 기회를 주려고 한다. 아주 오래전에 썼던 계약서를 바꿀 것이다. 새로운 계약서에는 당신의 생각, 행동, 전략을 비롯해 전에는 고려조차 하지 않았을 내용이 들어간다. 당신은 지금까지 배운 내용을 전부 내려놓아야 한다. 대신 다음과 같은 질문을 던져야 한다. 동시에 한 군데 이상의 장소에 있을 수 있을까? 모습을 바꿀 수 있을까? 같은 공간에 있지 않은 누군가와 텔레파시로 소통할 수 있을까? 사람의 기운을 읽을 수 있을까? 중력을 거스를 수 있을까? 다른 사람의 꿈속에 들어갈 수 있을까?

절대 불가능한 일이라고 확신하는 사람이라면 지금 책을 덮어라. 여기서부터 우리는 새로운 영역으로 들어갈 것이기 때문이다. 나는 그냥 옷장 밖으로 나와 이런 신비스러운 힘이 있다는 비밀을 밝히려는 게 아니다. 옷장 밖으로 나오면서 문을 뜯어내고 있다. 나는 이런 일이 가능하다는 걸 분명 알고 있기에 당신에게 알려주고자 하는 것이다.

내가 설명하는 아이디어를 열린 마음으로 들어야 한다는 점을 여기서 다시 한번 강조하겠다. 자신에게 이렇게 말하라. '내가 서명했던 계약을 바꾸는 걸 고려해봐야겠어. 결국 그 계약은 내가 정말 원하는 게 무엇인지 알려주지 않았어. 마음속에서 더 많은 걸 원한다는 목소리가 들려. 인생은 깊고 풍부하다고 느끼고 싶고 성취감이 있었으면 좋겠어. 목적에 따라 살고 싶어. 반짝이는 내면의 빛, 수많은 정신적 스승들이 말하는 그런 사랑을 경험할 수 있었으면 해. 하지만 지금까지 했던 방식으로는 그럴 수 없었어. 지나온 시간에는 감사해. 내가 여기까지 오기 위해 있어야 했던 일들이니까. 하지만 여기서부터 앞으로 어디로 갈지 바꿀 힘은 내게 있어.'

당신이 알든 모르든 우리는 '주변부 거주자'fringe dweller다. 주변부 거주자는 내가 가장 좋아하는 작가 스튜어트 와일드Stuart Wilde가 만든 말이다. 와일드는 정말 이름처럼 살았다. 그는 내가 아는 사람 중에 가장 길들여지지 않았고 멋지고 고귀하며 아름다운 영혼을 가진 사람이었다. 그의 책《속삭이는 변화의 바람》The Whispering Winds of Change에 주변부 거주자에 관한 이야기가 나오는데 내가 읽어본 가장 심오한 이야기였다.

와일드는 주변부 거주자를 정신적으로 사회 시스템을 벗어나 일종의 네버랜드에 사는 사람으로 묘사한다. 그가 말하는 네버랜드에서는 다른 사람에게 맞춰야 한다거나 이렇게 해야 한다는 세상의 규칙에 따를 필요가 없는 곳이다. 주변부 거주자는 마음속에 사랑을 품고 있으며 적대감과 증오와 갈등을 품고 싶어 하지 않는다.

사실 아주 많은 사람이 이 주변부 거주자에 속하며 당신과 나도 속해 있다. 사람들은 무엇을 믿어야 할지 목말라하고 있다. 세상에 정신적 가치가 믿을 수 없으리만치 낮은 탓이다. 사람들은 돈이 부족하다고 하지만 사실 정신의 부족함이 진짜 부족함이다. 주변부 거주자인 우리는 세상을 바꿀 의식을 만드는 사람들이다. 정신적 변화를 통해 세상을 바꾸는 변화를 이끌 수 있다. 그런 변화는 세상을 어떻게 받아들일지 우리가 정한 방식에서 비롯된다. 우리는 악의적인 민족주의와 경쟁 시스템의 일부가 아니다. 그리고 이제 새로운 방식을 선택하려고 한다.

세상은 믿는 만큼 보인다

이 책에서 하는 이야기를 받아들이기 어렵다면 그건 아마 '불신의 자발적 유예'willing suspension of disbelief를 아직 모르기 때문이다. 불신의 자발적 유예는 우리가 극장에 들어갈 때마다 하는 일이다. 극장에서 자리를 찾아 앉았을 때 우리는 영화관 뒤쪽 공간에서 프로젝터를 통해 2차원의 스크린 화면으로 영화를 내보낸다는 것 그리고 영화의 내용이 실제로 일어나는 일이 아니라는 걸 알고 있다. 하지만 "나는 이 내용을 믿지 않아. 이건 그냥 화면에 전사된 이미지일 뿐이고 누군가가 날 속이려고 하는 거야."라고 말하는 사람은 없다. 대개는 그런 불신을 기꺼이 덮어두고 이렇게 생각한다. '일단 영화를 즐겁게 보고 내용을 받아들일 거야. 의심하는 마음은 집에 갈 때 다시 찾아야지.'

내가 여기서 이야기하는 내용에도 같은 방식을 적용하면 된다. 어떤 이야기는 당신의 계약 내용과 부딪힐 수 있다. 하지만 당신 스스로 정한 한계는 그게 어떤 것이든 물질세계의 한계라는 점을 명심하라.

누군가와 이야기를 나누다가 상대가 변화하고 싶다고, 예를 들면 살을 빼고 싶다거나 금연하고 싶다거나 종교를 갖고 싶다고 말하면 나는 그게 무척 재미있었다. 그 사람이 변할 수 있을지 없을지 아주 쉽게 알 수 있었기 때문이다. 사람들은 변하고 싶다고 말한 뒤 약 2분이 지나면 보통 변할 수 없는 이유를 댄다. "오, 그럴 수 없어요. 아니에요. 전 할 수 없어요." 그러고 나서 지금까지 그들에게 영향을 미친 사람들(예컨대 앞서 이야기한 '선의의 후원자'와 같은 사람들)에게서 들은 한계를 나열한다.

이와 비슷하게 당신도 지금까지 이 책을 읽으며 약간 의심했을 수 있다. '아니야. 이건 불가능해. 웨인 다이어로선 쉬운 일일지 모르지만 내가 할 수 있는 건 없어. 내게 그런 일이 일어날 리 없지.' 이런 비슷한 말을 했을 것이다. 최소한 이 책을 다 읽을 때까지만이라도 그런 불신을 접어두었으면 좋겠다. 마치 영화가 끝난 뒤 현실로 돌아올 때처럼 책을 다 읽은 뒤에 믿을 수 없다고 생각한다면 그건 좋다. 하지만 마음을 열면 열수록 인생에 도움이 되는 좋은 내용을 더 많이 받아들일 수 있다.

생각하는 대로 일이 풀린다는 점을 마음에 새겨라. 그런 일은 있을 수 없다고 생각하면 인생이 그런 일이 생기지 않는 방향으로 풀린다. 관계에 관해 생각할 때 무엇이 잘못되었는지, 무엇이 없는지, 무엇이 싫은지를 생각하면 그런 부분이 관계의 본질이 된다. 생각하는 대로 일이 풀린다는 점, 즉 생각했으니 그렇게 된다는 점을 일단 알고 나면 생각에 정말 주의를 기울이게 된다.

사람을 포함해 우주의 모든 건 에너지다. 우리의 몸을 구성하는 모든 건 정말로 에너지의 형태다. 사람의 몸은 특정 주파수에 반응하고 그 주파수 때문에 고체로 보인다. 여기서 말하는 에너지란 고체 형태로 반응하는 에너지와는 다른 에너지로 항상 우리와 함께한다. 마치 물리적이면서 동시에 정신적인 에너지를 가진 몸과 비슷하다. 우리가 평생 사용하는 주 에너지는 외부적 에너지 혹은 물리적 에너지라 불리는 것이다. 이 에너지는 심장을 뛰게 하고 폐를 부풀리며 피를 돌게 하고 노폐물을 배출시키는 등 신체의 생명을 유지하는 힘이다.

　내부적 에너지도 있다. 내 인생 최고의 스승인 스와미 묵타난다 Swami Muktananda가 쓴 《마음의 신비》Mystery of the Mind에는 신성한 에너지에 대해 이렇게 서술하고 있다.

　　언젠가 이 빛이 폭발하면 어디서나 볼 수 있을 것이다. 전 우주가 그 안에 존재하는 걸 보게 된다. 의식의 신성한 빛이 눈을 채우기 시작하고 어디를 봐도 그 빛이 보인다. 사람에게서, 나무에서, 바위에서, 건물에서 광채가 난다. 마음속을 스치는 모든 생각과 감정의 흐름에 떠올랐다 사라지는 바로 그 의식이 보인다. 마음이 어디로 흐르든 세상의 창조자인 자신의 내면 의식이 있다. 우리 안에 전 우주가 들어 있음을 알게 된다. 만물, 즉 세상의 모든 무한한 변화는 그 누구도 아닌 자신이 만드는 것임을 알게 된다. 세상의 모든 곳에 비치는 것은 바로 나이고 그래서 항상 내 앞을 지나는 건 자신의 모습이라는 걸 깨닫는다.

　우리 안에는 이런 힘이 항상 있다. 기억하라. 만물의 근원을 확대한 존재는 우리이며 만물의 근원에는 한계가 없다. 우리는 그저 정신에 관해 알아보겠다는 결정을 내리기만 하면 된다. 그러면 예전에 익숙했던 방향과는 다른 방향을 마주하며 정신을 활용할 수 있다. 주위에서 무슨 일이 일어나는지 바깥을 살피는 대신 내면을 들여다보고 자신의 정신적 본질을 직접 마주할 수 있다.

그렇게 되면 신성한 탐구에서 얻는 기쁨으로 하루를 충실히 살게 된다. 외모가 어떤지는 중요하지 않다. 어떤 일을 하는지, 주부나 공사장 인부, 회계사, 치과 의사, 피자 배달원 등 어떤 일을 하기로 했는지는 중요하지 않다. 그 어떤 것도 정말 중요한 게 아니다. 우리가 세상에서 어떤 일을 하는지 이야기하는 게 아니기 때문이다. 여기서 이야기하는 건 우리 내면의 신성한 에너지다.

감각을 현명하게 다스린다

───✦───

책임을 맡은 사람은 누구일까? 옛날이야기를 잠깐 하자면, 어렸을 때 나는 서부영화를 좋아했다. 토요일 오후가 되면 고전 서부영화 〈로이 로저스 라이더스 클럽〉Roy Rogers Riders Club을 보러 가서 12센트를 내고 정말 즐겁게 감상했다. 보러 갈 때마다 한 장면에서 눈을 떼지 못했는데 이 영화를 봤던 사람이라면 분명 기억에 남았을 장면이다. 바로 역마차의 마부가 몸을 다쳐 고삐를 잃자 마차를 끌던 말들이 제멋대로 날뛰는 장면이다. 결국 마부는 역마차를 끌지 못하고 낮은 관목 식물 사이로 허둥지둥 끌려간다.

내가 하려는 이야기를 이 장면에 빗대어 설명하자면 이렇다. 그전에 이 설명은 에크나스 에아스와란Eknath Easwaran이 쓴 《죽음과의 대화》Dialogue with Death의 내용에 바탕을 두고 있음을 말해둔다. 에아스와란의 책은 《카타 우파니샤드》Katha Upanishad라는 경전을 해석한 것이다.

마차는 우리의 몸이다. 마부는 지성이다. 날뛰는 말은 오감(시각, 청각, 후각, 미각, 촉각)이다. 말들이 제멋대로 마차를 끄는데 이는 대부분 사람의 삶에서 일어나는 일을 잘 보여준다. 우리에게 육체적 기쁨을 주는 오감은 어디든 원하는 방향으로 몸을 이끈다. 오감을 이끌어야 할 지성이 다쳐 더는 오감을 통제할 수 없기 때문이다. 말과 마차 사이를 잇는 고삐는 우리의 감정이다.

한편 마차 안에는 필라델피아 출신에 멋진 모자와 장갑으로 치장한 아름다운 부인이 있는데 그녀는 마부와 말, 즉 지성과 오감에게 애원한다. "말씀드리고 싶은 이야기가 있어요. 이쪽으로 끌려가지 마세요. 제발 멈춰서 제 말을 좀 들어보세요." 부인은 우리 안의 높은 자아, 즉 정신이다.

감각이 몸을 통제할 때 지성은 힘을 잃고 감정만이 날뛴다. 혀 위의 미뢰는 새털처럼 가볍지만 그렇게 가벼운 미뢰가 120킬로그램이 넘는 남자를 빵집으로 끌고 가는 걸 본 적이 있다. 남자는 슈크림 빵을 보고 있고 필라델피아에서 온 부인은 그 빵을 먹지 말라고 남자에게 간청한다. "빵을 먹으면 죽을 거예요! 당신을 죽게 두지 말아요.

당신은 그저 잠시 자제력을 잃은 것뿐이고 곧 되찾을 거예요. 빵집을 지나쳐요. 대신 채소를 먹고 자신을 잘 돌보도록 해요."

어쩌면 그 부인은 당신에게 이렇게 애원할지도 모른다. "그 술집에 가지 말아요. 술을 마시지 마요. 당신을 망칠 알코올을 마시지 말아요." 하지만 날뛰는 말은 당신을 술집으로 이끈다. 말, 즉 통제할 수 없는 감각은 우리의 삶을 지배한다. 전혀 자유롭지 않다. 우리의 몸은 가고 싶지 않은 곳에 끌려가고 필라델피아에서 온 부인은 아무런 관심도 받지 못한다.

만일 당신이 "저는 알코올 문제가 있어요."라고 말한다면 실제로는 당신에게 알코올 문제가 있는 게 아니다. 당신이 탄 말에 알코올 문제가 있는 것이다. 당신에게는 말의 문제, 즉 말을 통제할 수 없다는 문제가 있다. 몸의 감각과 외부 에너지가 당신의 인생을 끌고 나가면서 모든 일을 좌우하도록 허락했다.

그런 허락을 내린 이유는 일시적인 기쁨을 얻기 위해서다. 그런 기쁨은 찰나에 느끼는 거짓 자유에 지나지 않는데 말이다. 잠깐의 기쁨이 지나가고 나면 그 기분을 더 느끼고 싶어서 알코올을 더 찾는다. 평생 감각이 몸과 마음을 끌고 다니도록 둔 채 마차 안에서 들려오는 아름다운 목소리, 당신의 인생을 통제하라고 말하는 목소리는 듣지 않는 것이다.

하지만 그 목소리를 따르는 게 훨씬 좋은 방법이다. 그러니 다시 고삐를 움켜쥐어라. 말이 당신의 인생을 끌고 가도록 두지 말고 원하는 방향으로 말을 이끌어라. 그러면 진정한 자유를 찾을 수 있다.

진정으로 자유로워질 때 얻을 수 있는 것들

———◇———

진정으로 깨어나면 필라델피아에서 온 부인의 조언에 주의를 기울이는 게 다소 쉬워진다. 다음은 말이 아닌 높은 자아가 인생을 이끌 때 느끼는 몇 가지 특징이다.

• 불가능하다고 생각했던 일이 일어난다

정신적 인식이 높아졌을 때 가장 먼저 느끼는 일이다. 어쩌면 매우 역설적인 상황으로 보인다. 우연이라면 쉽게 관리할 수 있는 대상이 아니다. 관리할 수 있는 일이라면, 충분히 일어날 수 있는 일이라면 우연이라고 할 수 없다. 하지만 그런 믿음을 잠시 멈춰달라고 부탁하고 싶다.

자신의 내면을 들여다보고 높은 자아를 알아차리면 절대 가능하리라 생각하지 않았던 일이 일어나는 걸 본다. 삶의 목적을 깨닫고 만족하는 인생을 살며 아름다운 빛 속에 머무르게 된다. 모든 것이 바라는 대로 움직이기 시작한다.

• 우리를 움직이는 에너지가 무엇인지 알게 된다

여기서 에너지는 책에서 읽는 그런 현상이 아니다. 이 에너지는 우리의 일부이며 우리 안에서 모든 일이 일어나는 걸 보고 있다. 그런 신성한 에너지야말로 진정한 우리의 모습이다. 이는 우리의 본질이기 때문에 우리가 살면서 하는 모든 일을 하게 해준다. 따라서 내 안의 에너지가 무엇이든 나와 상관없다는 식으로 거리를 둘 게 아니라 더욱 관심을 기울여야 한다.

• 두려움이 사라지고 내면에 힘이 생긴다

마치 정신적인 영양분을 얻는 것과 마찬가지로 한때 사라지지 않았던 모든 두려움이 이제는 사라져 자취를 감춘다. 다시 말하지만 신의 인도는 외부가 아니라 내면에 존재한다.

《우리의 신성한 자아》Your Sacred Self 라는 책을 쓰려고 준비하면서 신약 성서를 전부 읽었다. 그러다 이런 생각과 관련된 멋진 구절을 만났다. 사도 바울이 예수의 말을 인용해 빌립보인들에게 이렇게 썼다. "너희 안에 이 마음을 품으라. 그것은 곧 그리스도 예수의 마음이니. 그는 근본 하나님의 본체시나 하나님과 동등함을 당연히 여기지 아니하셨다."(빌립보서 2:5-6)

하나님의 몸을 가졌지만 하나님과 동등해지지 않겠다고 생각했던 예수 그리스도와 같은 마음가짐으로 살면 매우 강력한 힘이 될 것이다. 물론 그렇다고 해서 우리가 하나님이라는 뜻은 아니다. 단지 우리가 아름답고 신성한 에너지의 연장선에 있다는 의미다. 진정으로 깨어나 자유로워지면 내면의 신성한 에너지를 인생을 이끄는 등불로 삼게 된다.

• 주변의 아름다움에 감사하게 된다

진정으로 깨어나면 주위를 둘러싼 아름다움에 집중하게 되고 거기서 에너지를 얻는다. 주위의 아름다움에 경외심을 느끼고 감사하면서 내 안에 그런 에너지가 있다는 점에 감사하게 된다. 자신의 내면 에너지를 이용할 수 있을 뿐 아니라 에너지는 항상 내면에 존재함을 깨닫는다.

• 모두와 연결되어 있다는 느낌이 든다

의사이자 작가인 래리 도시Larry Dossey는 《치료하는 기도》Healing Words 라는 훌륭한 책을 썼다. 그는 평생 병원에서 환자를 치료했는데 환자를 낫게 하는 데 기도가 얼마나 강력한 효과를 보이는지 이 책을 통해 이야기했다. 그중 이중맹검법을 이용한 실험 내용이 나온다. 실험에서 한 그룹의 환자는 기도를 받았고 다른 그룹의 환자는 기도를 받지 못했다. 실험 결과 기도는 치료 과정에 정말 큰 차이를 가져왔다. 기도의 힘, 즉 환자를 치료하려고 주의를 기울일 때 그들에게 향하는 에너지는 눈에 보이거나 손으로 잡을 수 없지만 놀라운 효과로 모습을 드러냈다.

높은 인식과 의식을 갖추면 이런 에너지를 이해하고 조절할 수 있다. 이 에너지는 다른 사람이 당신을 대하는 방식뿐 아니라 당신이 하는 일, 사랑, 인간관계에도 영향을 미친다. 심지어 세상에서 만나는 낯선 사람과 교류하는 방식에도 영향을 준다. 사실 내면의 사랑 에너지를 밖으로 드러내기 시작하면 주위의 모든 사람, 모든 사물에 영향을 미친다.

• 새로운 현실의 가능성을 깨닫는다

인식의 범위가 넓어지면 우리와 공존하는 또 다른 완전한 에너지의 세계를 품게 된다. 다른 사람들이 선의로 가르친 믿음, 우리가 어떤 현실을 얻기 위해 어떻게 살아야 하는지에 더는 무게를 두지 않는다. 그런 믿음을 포기하고 현실의 새로운 가능성을 연다. 전에는 생각조차 하지 못했던 일도 포함된다. 생각하는 바를 이루는 능력은 마법사나 사기꾼들에게나 있다고 여겼지만 이제는 바로 당신이 현실에서 그런 능력을 갖게 된다.

• '깨어 꿈꾸는 사람'이 된다

앞 장에서 이야기했던 내용이다. 나는 깨어 있으면서 꿈꾸는 사람이라는 개념을 정말 좋아한다. 깨어 꿈꾸는 사람이 된다는 건 꿈꾸는 상태에서 경험하는 모든 일을 깨어 있는 상태에서도 경험할 수 있다는 뜻이다. 즉 꿈을 꾸려면 잠을 자야 한다는 생각을 더는 하지 않는다.

꿈꾸는 대로 이뤄지도록 밖에 나가서 복권 번호를 고르라는 이야기가 아니다. 바로 지금 복권에 당첨된 자신의 모습을 상상하라는 이야기다. 복권에 당첨되어 앞으로 20년간 1년에 100만 달러씩 받는다고 하면 어떤 기분일까? "자유롭고 안정된 기분일 거예요. 모든 두려움을 버리고 원하는 걸 얻는 능력을 스스로 의심했던 모든 마음을 내려놓을 수 있겠죠. 정말 행복할 거예요. 황홀한 기분이겠죠." 아마 이렇게 대답할 것이다.

그런데 이런 기분을 느끼기 위해서 복권에 당첨되어야 한다는 건 잘못된 생각이다. 바로 이 순간을 포함해 언제나 그런 기분을 느낄 수 있다. 정신적 의식이 높아지면 진정으로 자유로워지는 게 쉬워진다. 언제든 아무런 방해 없이 안심할 수 있고 기쁜 상태가 된다. 행복해지려면 무엇이 필요하다고 생각하든 행복에 따르는 기분을 원하는 대로 느낄 수 있다. 이것이야말로 진정한 자유다.

• 거짓 자유를 얻으려는 생각을 멈춘다

술이나 약물처럼 외부에서 해결책을 찾으려 애쓰지 않는다. 찾는 게 무엇이든 자신의 내면에서 발견할 수 있다는 걸 안다. 사실 천국은 다른 곳에 있지 않다.

나는 한때 다음과 같은 문구가 새겨진 티셔츠를 만든 적이 있었다. '당신은 모든 걸 시험해봤다. 이제 신을 시험해보라.' 이 문구를 통해 전하고 싶었던 건 지금까지 중독, 이혼, 파산, 이사, 여러 번의 이직을 시도해봤으니 이제는 다른 걸 시험해볼 차례라는 말이었다.

내면의 높은 자아를 시험해보면 무슨 문제든 해결책은 문제를 흘려보내고 신의 뜻에 맡기는 것임을 알게 된다. 아주 심각한 문제든, 수도꼭지를 고치는 일이나 열쇠를 찾는 일처럼 사소한 문제든 해결책은 그저 문제를 내려놓는 것이다. 열쇠는 찾을 것이다. 물이 새는 수도꼭지를 고치는 방법도 알게 될 것이다. 문제라고 여기는 일이 무엇이든 해결책을 찾을 것이다.

• 더없는 기쁨을 매우 자주 경험한다

예전에 몹시 간절하게 원하던 일이 자주 일어난다. 모든 일이 좋고 영감을 얻으며 만족스럽고 평화롭고 사랑스럽고 기쁘고 모든 걸 다 알 듯한 그런 느낌이 전보다 훨씬 자주 든다.

《기적 수업》A Course in Miracles이라는 책에 나오는 훌륭한 표현을 인용하겠다. "자신이 선택한 길에서 옆에 걷는 사람이 누구인지 알고 있다면 두려움이란 생길 수 없다." 이것이 정말 더없는 기쁨을 경험하는 일이다. "이제 높은 자아가 나를 지배하도록 할 거야."라고 스스로 말하면 사랑스럽고 평화로우며 즐거운 평정의 시간이 찾아온다.

• 비판이 줄어들고 너그러워진다

이는 정신적 의식이 높아지면서 일어나는 아주 중요한 일이다. 나만의 판단으로 누군가를 정의하지 않는다는 간단한 진리를 이해하게 된다. 우리가 정의할 수 있는 사람은 오직 자신뿐이다. 만일 누군가를 얼간이나 바보 혹은 나쁜 사람이라고 평가한다고 해도 그 사람이 그렇게 되는 건 아니다. 아무리 욕해도 그 사람은 그 사람 그대로이고 우리의 판단과는 상관없다. 그럼에도 남을 재단한다는 건 남을 평가하기 좋아한다는 것이다.

전보다 너그러운 사람이 되면 높은 정신과 진정한 자유를 얻기 위해서는 모든 괴로움과 증오, 쓰라림을 놓아야 한다는 걸 알게 된다. 이런 감정은 예전의 삶이 우리를 물어 퍼진 독이다. 우리를 죽이는 건 물린 상처가 아니라 바로 이 독이다. 물리지 않은 상태로 돌아갈 수는 없지만 독은 제거할 수 있다.

컵을 들고 있다고 생각해보자. 컵은 당신이 느끼는 괴로움과 증오, 쓰라림을 나타낸다. 어렸을 때 당신을 학대했거나 유기했던 누군가를 향해 이런 감정을 지니고 있다고 가정하자. 당신은 그 사람을 용서하고 지난 일은 흘려보내기로 한다. 그래서 다시 컵을 들어 올린다. 그러자 누군가가 묻는다. "과거에 있었던 모든 일을 흘려보내고 싶다면서 지금 무슨 일을 하는 거죠?" 당신이 대답한다. "그냥 흘려 보낼 겁니다." 다시 말하지만 과거를 흘려보내는 것이 당신이 하려는 일이다.

자, 여기서 무슨 일이 일어나는지 살펴보자. 컵을 놓아버리려면 먼저 컵을 들어야 한다. 즉 컵을 들어 올려야만 내려놓을 수도 있다. 컵을 들지 않고 지나쳐버리면 놓아버릴 수도 없다. 처음부터 든 적이 없기 때문이다. 그러면 용서해야 할 대상이 아니다. 컵을 들었다면 우리는 기능적 성인 반응functional adult response이라 부르는 반응을 보일 것이다. 상처받은 아이 반응wounded child response, 즉 "정말 끔찍하지 않아? 그들은 해야 할 일을 하지 않았고 난 아직도 화가 나 있어."라는 식의 반응을 보이지 않는다. 기능적 성인은 상처받은 채로 살아가기 보다는 컵을 들어 올려 문제를 다룬 뒤 흘려보낸다.

비판을 줄이면 문제를 그냥 피하기보다 진정으로 받아들이고 흘려 보내게 된다. 이것이 바로 용서다.

지금까지 깨어나 높은 인식에 이를 때 생기는 중요한 특성을 알아 봤다. 하지만 실제로는 이보다 더 많은 이로움이 있다. 물론 가장 중요한 건 진정한 자유의 기쁨을 느낀다는 점이다. 높은 자아를 따라 사는 기분에 비할 수 있는 건 아무것도 없다.

제5장

나답게 살기 위한
세 가지를 기억할 것

이번 장에서는 높은 인식에 이르는 비결을 자세히 설명하려 한다. 인식을 높이려면 우선 사회로부터 주입된 생각을 돌이켜 보고 버리는 일부터 시작해야 한다. 어린 시절부터 주입된 생각과 조건을 버리고 나면 정신적 인식이 높아지고 진정한 자유로움을 느낄 수 있다.

이번 장에서 설명할 세 가지 비결은 한 가지 비결이 다음 비결을 이끄는 식으로 서로 맞물려 있다. 비결을 하나씩 소개할 때마다 일상에서 실천할 방법도 몇 가지 제안할 것이다.

자유롭고 싶다면 의심을 지워라

———◇———

우선 '의심을 지워라'라는 비결부터 설명할까 한다. 이 비결을 첫 번째로 꼽은 건 가장 실천하기 어려운 일이기 때문이다.

내가 함께 일한 사람들 가운데 높은 인식 수준에 도달한 사람은 모두 기법이나 전략을 외운다고 해서 높은 인식에 도달하는 건 아니라고 강조했다. 그보다 필요한 건 인식을 높이는 게 가능하다는 믿음이다. '생각하는 대로 살게 된다'는 말이 있다. 그러나 많은 사람이 '사는 대로 생각한다'. 삶을 둘러싼 환경이 내면세계를 결정하기 때문에 외부에서 일어나는 사건에 화내고 상처받고 슬퍼하고 두려워한다.

앞서 이야기했지만 세상은 우리가 생각하는 대로 만들어진다. 그런데 그 생각에 의심이 들어 있으면 우리는 의심에 따라 행동한다. 의심 외에 다른 것을 따르지 못한다. 안타깝게도 부모나 학교, 사회가 우리에게 가르쳐준 내용에는 대부분 의심이 들어 있다. 이 점을 이해하는 게 중요하다. 무슨 일이든 할 수 없다고 생각하거나 아니면 해낼 수 있을지 아주 조금의 의심이라도 들면 우리는 그 의심에 따라 행동한다. 랄프 왈도 에머슨 Ralph Waldo Emerson이 말했던 것처럼 '모든 행동의 전신은 생각이다'. 따라서 의심을 떠올리면 이에 따라 행동하게 된다. 결국 의심 때문에 인식을 높이거나 만들고 싶은 걸 만들 수 없게 된다. 그래서 의심을 지우는 게 중요하다.

일은 생각하는 대로 펼쳐지기 때문에 마음속으로 어떤 일을 할 수 없다고 생각하면 그렇게 행동하게 된다. 다른 사람과의 관계에서도 싫어하는 부분이나 잘못된 부분을 보며 이 관계가 왜 부정적으로 흐르는지 의문이라면 시선을 돌려야 한다. 어떤 점이 좋은지, 어떤 점이 멋진지 생각한 뒤 관계가 펼쳐지는 모습을 확인하라.

의심을 지우려면 마주하는 모든 사람과 사물 속에서 드러나지 않은 신성한 모습을 보라. 그것이 전부다. 무슨 말인지 이해하기 어렵다면 스스로 이렇게 말해보라. '굳이 이해할 필요는 없어. 사람들에 관한 내 판단이야말로 정말 의심스럽다고 생각하기만 하면 돼.'

의심을 지우면 우리를 다른 방향으로 이끄는 에너지를 쉽게 느낄 수 있다. 그리고 가야 할 길에서 우리를 밀어내려는 그 무엇도 우리에게 영향을 미칠 수 없음을 알게 된다. '이 사람이 왜 저러는 거지?', '내 인생에 이 약물이 왜 또 나타난 거야?', '여기서 왜 이런 유혹이 생겼지?'라는 생각 대신 시험에 들었다는 걸 안다. 그래서 사랑으로 대응하기로 마음먹고 그렇게 행동해서 새로운 인식을 얻는다.

무엇을 해야 할지 항상 알고 내용을 이해하며 '그래, 남들이 알려준 의심보다 내가 새로 알게 된 바에 따라 행동할 거야'라고 되뇌는 일은 때로 힘이 든다. 신체적인 모든 건 유한하지만 신체를 넘어서는 건 전부 무한하다. 앎은 무한하기 때문에 우리에게 전해진 것이다. 지금 다른 몸을 가지고 있다고 해도 앎은 영원하기 때문에 여전히 우리 안에 존재한다. 의심을 지우는 가장 기본적인 방법은 믿음을 앎으로 바꾸는 것이다. 이제 우리는 '높은 자아에 대해' 아는 것이 아니라 '높은 자아를' 알고 있다. 우리는 높은 자아와 직접 관계를 맺고 항상 함께할 수 있다.

신은 공기처럼 보이지 않는 존재다. 우리는 신을 만지거나 볼 수 없지만 어디서나 경이로운 신의 작품과 의도를 엿볼 수 있기에 신이 존재한다는 걸 안다. 우리는 신이 그곳에 있다는 걸 안다. 이 앎과 믿음은 밀접히 연관되어 있다. 믿음은 앎이다. 다른 사람이 우리에게 알려준 게 아니며 숭배하거나 행하라고 말한 것도 아니다. 따라서 '내겐 증거가 필요해'가 아니라 믿음을 갖기로 마음을 바꾸면 우리는 신뢰 단계를 벗어나 앎의 단계로 이동한다.

믿음은 내면에서 내리는 결정이라는 점을 반드시 이해해야 한다. 우리의 결정이 앎이 될 때 신성한 지성의 형태로 만물에 흐르는 성스러운 에너지를 느낄 수 있다. 그리고 나면 믿음은 항상 우리 안에 존재하는 에너지가 된다.

의심을 지우는 방법을 몇 가지 소개한다.

• **긍정적인 확언을 하라**

확언은 인생에서 원하는 바를 확인하고 만들어내기 위해 스스로 되뇌는 긍정적인 말이다. 이런 말을 하면 좋다. '일어나는 모든 일에는 타당한 이유가 있다는 점을 떠올리며 나는 의심을 지울 거야.' 그 저 간단한 확언으로 마음속 의심을 몰아내기 시작하면 된다.

• 내면의 높은 자아를 마주하라

내면의 높은 자아를 마주하겠다고 마음먹어라. 내면의 높은 자아에 관해 단순히 아는 게 아니라 이 사랑스러운 존재를 직접 만나기 위해서다. 내면에서 일어나는 소란스러운 대화를 멈추고 내 안에 비어 있는 조용한 장소로 가면 훨씬 쉽게 높은 자아를 마주할 수 있다 (이 방법은 뒤에서 더 자세히 소개할 것이다).

아무 일도 하지 않으면서 조용히 귀를 기울일 수 있는 시간과 장소를 마련하라. 그리고 매일 내면의 비판으로부터 자유로워질 수 있도록 생각에 잠기는 시간을 가져라. 많은 사람이 당신에게 해준 이야기에 들어 있는 의심을 전부 지워라. 마음을 열고 회의적인 생각을 멈춰라. '나는 여기서 잠시 불신을 미룰 거야'라고 혼잣말하라.

• 깨어 있는 동안 꿈꾸는 연습을 하라

꿈꾸기 위해 잠들 필요가 없다는 사실을 떠올려라. 꿈꿀 시간을 잠시 가져라. 깨어 있는 동안 꿈을 꾸면 한계가 사라지는 느낌을 받을 수 있다. 아마 어렸을 때 해본 적이 있을 것이다. 몽상가라는 별명이 붙었을지 모르지만 그게 바로 우리가 했던 일이다. 하늘을 날고 바다를 수영하고 시를 쓰는 등 원하는 건 무엇이든 할 수 있었다. 한계로부터의 자유, 의심으로부터의 자유를 스스로 얻었다.

작가 윌리엄 블레이크William Blake가 쓴 멋진 구절이 있다. "만약 해와 달을 의심하면 그들은 바로 사라질 것이다." 꿈을 꿀 때 우리는 의심을 모두 버린 상태가 된다. 밤에 잠드는 사람과 꿈꾸는 사람은 서로 다른 존재가 아니다. 둘 다 우리가 하는 일이다. 그런데 꿈꾸는 중에는 할 수 있다는 걸 알면서 깨어 있는 중에는 할 수 있을지 의심한다. 깨어 있는 동안 꿈꾸는 걸 연습하라. 그러면 스스로 알아차리기도 전에 깨어 있으면서 꿈꾸는 자가 되어 강력한 힘을 얻을 것이다.

의심은 높은 자아가 만들어내는 게 아니라는 점을 명심하라. 우리는 의심을 택하기보다 그저 바라보기만 할 수 있다. 의심하는 마음의 관찰자가 되어라. 이것이 인식을 높이는 두 번째 비결이다.

마음의 관찰자가 되는 법

———✦———

인식을 높이는 두 번째 비결은 첫 번째 비결에서 이어진다. 일단 의심을 지우는 법을 배우면 관찰자가 될 수 있다. 의심을 지우는 법을 배우기 전에는 할 수 없는 일이다.

시인 칼릴 지브란Kahlil Gibran의 이 말을 나는 참 좋아한다. "사실 삶을 사는 건 삶이다. 당신이 삶을 사는 사람이라고 생각하겠지만 당신은 그저 삶의 관찰자일 뿐이다." 관찰자는 육체의 세계에 있지 않지만 우리의 몸을 관찰한다. 관찰자가 되려면 자기 안에서 빠져나와 내 삶에 어떤 일이 일어나고 있는지 제3자의 시각으로 봐야 한다.

정신적 인식을 높이고 이를 통해 성취감, 목적, 자유로 가득한 인생을 만들고 싶다면 아무리 힘들어도 반드시 자신과 결과를 분리해야 한다. 스스로 삶에서 발생하는 모든 일을 관찰하는 사람으로 여겨라. 관찰자가 되라는 뜻이다. 내 안의 마음과 모든 생각에 주의를 기울여라. 오늘 일어나는 일과 과거에 있었던 일에 전부 주목한다. 세상에서 일어나고 있는 일에 관심을 기울인다. 이 모든 과정에서 감정에 흔들리지 않는 관찰자의 관점으로 바라본다.

그렇게 두 가지 세계, 내면과 외부 세계를 알아차리고 나서 스스로 물어보라. 보이는 일 뒤에서 보고 있는 사람은 누구일까? 하루에 여러 번 이 질문을 던지다 보면 자신은 정해진 대로 행동하며 인생을 사는 몸과 마음보다 훨씬 더 큰 존재임을 알게 된다. 보이는 일 뒤에서 관찰하고 있는 진정한 자신의 존재를 깨달으면 새로운 차원의 평화와 창의성을 얻는다. 내 인생을 바라보는 존재를 눈치채기 시작하면 나는 지금 겪고 있는 문제보다 훨씬 더 큰 존재임을 알게 된다. 나는 나를 방해하는 존재가 아니다. 고통스러운 건 단지 몸일 뿐이다. 나라는 존재는 고통받을 수 없다.

관찰자는 우리의 일부로서 우리가 관심을 두는 곳에 존재한다. 어디에 관심을 두는지에 따라 형체 없는 세계로부터 무엇이 나타날지가 정해진다. 우리 안에 관찰자가 생기면 창조의 역학을 이해하게 된다. 양자물리학에서는 너무 작아서 아무도 보지 못한 입자가 있다고 말한다. 그런 입자가 존재한다는 걸 알 수 있는 이유는 입자 가속기라 불리는 장치에 입자의 흔적이 남았기 때문이다. 흔적을 관찰할 때 입자는 그곳에 존재한다. 하지만 입자에 관심을 두지 않으면 사라진다. 즉 무엇이든 우리가 관심을 가지고 관찰해야만 모습을 드러낸다.

입자가 보이지 않는 파동의 상태에서 물리적 세계의 입자 상태로 움직이는 걸 관찰하면 그것이 모두 에너지임을 알 수 있다. 예전에 사람들은 원자와 전자, 중성자와 양자로 이뤄진 물리적 세계가 있고 그와 별개로 분리된 정신세계가 있다고 생각했다. 그래서 물리적 세계에서 정신세계로 이동하려면 맹신해야 했다. 둘은 완전히 다른 세계로 보였기 때문이다.

예전에 우리는 신에게 기도해야 한다고 생각했다. 외부에 존재하는 신이 특정 시기에 특정인에게만 나타난다고 생각했기 때문이다. 그러나 이제는 형이상학자들이 수백 년 동안 말해온 진실을 알게 되었다. 신은 우리 각자의 마음속에 있다. 양자물리학은 우리가 현실이라고 생각하는 것이 에너지에 불과하며 그 에너지는 모든 장소, 모든 사물 속에 항상 있다는 걸 보여주었다.

위대한 사상가들은 모두 똑같은 질문을 한다. 그들은 인생이 무엇인지 확인하려 하는 대신 인생을 바라보는 방법을 배우고자 한다. 의심을 지우고 관찰자가 될 때 믿거나 말거나 더없는 기쁨이 존재하는 곳, 높은 인식이 존재하는 곳에 설 수 있다.

자신의 인생을 바라보는 건 아름다운 경험이다. 앞서 우리는 자신의 몸을 바라보는 방법을 배웠다. 우리는 겉모습만으로 이뤄진 존재가 아니지만 여전히 몸과 더불어 살아야 한다. 그래서 몸에 향수를 뿌리고 치장하고 보험에 가입하고 질병 등 몸과 관련된 문제를 해결하려 한다. 하지만 동시에 이 모든 일의 뒤에 누군가 있다는 것도 안다.

우리 안에 보이지 않는 어떤 존재가 이렇게 말한다. '그냥 혼자 말한 거였어.' 하지만 이제는 두 사람이 있다. 당신이 말한 내용이 무엇이든 그 말을 듣는 나I와 자신Self, 두 사람이 있다. 가령 "팔을 다쳤어."라고 말할 때 당신은 팔일까? 아니면 상처를 경험하고 있는 존재일까?

예를 들어 내가 "손가락을 꿈틀꿈틀 움직여야지."라고 말하고 나서 손가락을 움직이면 당신은 별일 아니라고 생각할 것이다. 하지만 손가락을 꿈틀꿈틀 움직이는 지휘 본부가 어디인지 당신에게 묻는다면 어떨까? 아마 당신은 이렇게 대답할 것이다. "사람의 뇌를 들여다보면 손가락을 움직이는 시냅스와 뉴런을 볼 수 있어요." 그렇지만 당신은 내 손가락을 꿈틀꿈틀 움직일 책임을 지닌 사람이 있는 지휘 센터 같은 건 절대 찾을 수 없을 것이다.

따라서 자신의 몸을 관찰할 수는 있지만 몸이 하는 일에 대해 둘러앉아 걱정하지는 않는다. 당신이 지금 심장을 뛰게 하려고 바쁘게 애쓰는 중인 건 아니다. 폐에 공기를 넣었다 빼는 것도 아니다. 마음에도 이와 똑같은 태도를 취할 수 있다. 마음속에서 생각이 나타났다 사라지는 모습을 몸을 관찰하듯이 관찰하는 것이다. 이것을 이해하면 사람은 생각으로 이뤄져 있음을 깨닫는다. 사람들은 몸과 마음을 양분해서 생각하지만 사실 그렇지 않다. 몸과 마음은 같다. 양분해야 할 것은 몸/마음과 영혼soul이다. 영혼은 정신, 높은 인식, 관찰자를 말한다.

몸을 관찰하는 것은 통증의학 분야에서 효과적으로 사용되는 치료 방법으로서 특히 만성 통증으로 고통받는 환자들에게 적용한다. 환자에게 어디가 아픈지 통증을 알아내기보다는 통증을 보는 관찰자가 되라고 알려준다. 그리고 통증의 모든 것을 살펴보라고 한다. 통증의 색깔, 모양, 크기, 언제 나타나고 언제 나타나지 않는지, 어떻게 하면 아픔이 줄어드는지 전부 살펴보게 한다. 환자들은 통증을 관찰하다가 자신이 관심을 기울이는 곳에서 통증이 생겨남을 알게 된다. 또한 통증을 알아내려 하기보다 가만히 살펴보고 관찰하면 사라지게 할 수 있다는 것도 알게 된다.

이야기하다 보니 수년 전 롱아일랜드에서 일할 때 있었던 일이 떠오른다. 어느 날 나는 한 여성 환자에게 물었다.

"오늘 우울하세요?"

그러자 그녀가 대답했다.

"제가 항상 우울하다는 거 아시잖아요."

"음, 어디라도 우울하지 않은 부분이 있나요?"

"아니요, 다이어 박사님. 저는 우울하지 않은 부분이 없어요."

"모든 장기가 다 우울하다는 말씀이신가요?"

"모든 장기가 다 우울해요."

"일어날 때도 우울하세요?"

"일어날 때도 우울하고 자러 갈 때도 우울해요. 심지어 자면서도 우울해요. 저는 항상 우울해요."

그때 내가 핵심 질문을 던졌다.

"최근 들어 우울감이 더 심해졌다는 걸 눈치채셨나요?"

"네, 말씀하셨으니 말인데 요즘 더 많이 우울하다고 생각했어요."

"말해보세요. 그걸 눈치챈 사람도 우울한가요? 그 사람은 우울할 수 없어요. 그저 뒤에서 지켜보기만 하거든요."

나는 말을 이었다.

"그 사람에게 가세요. 그 사람이 바로 신이에요. 자신을 바라보는 관찰자가 될 때 신을 알게 되죠. 자기 생각과 인생 전체를 볼 수 있어요. 환자분이 하셔야 할 건 그게 전부예요. 모든 일이 잘될 겁니다. 혼자가 아니라는 걸 알고 있으니까요. 환자분은 자신이 우울하다는 걸 눈치챘어요. 우울함을 계속 지켜보고 있었던 거죠."

시간이 다소 걸리기는 했지만 그녀는 이 방법으로 우울감을 완화할 수 있었다. 시간이 지나면서 그녀는 기분이 훨씬 나아졌다. 이 환자처럼 관찰자인 자신을 알게 되면 드러내고 싶은 부분에 관심을 쏟는 일부터 하게 된다.

그러면 관찰자가 되는 방법을 몇 가지 소개한다.

• '무엇도 잘못되지 않는다'라고 말하라

매일 이 확언을 반복하라. '나의 세계에서는 무엇도 잘못되지 않는다.' 내가 지금까지 들어본 확언 가운데 가장 좋은 확언이었다. 나도 개인적으로 매일 반복해서 말하고 있다.

• '나는 나를 괴롭히는 것보다 큰 존재다'라고 말하라

무엇이든 문제가 생기면 큰 목소리로 이렇게 말하라. "나는 나를 괴롭히는 것보다 큰 존재다. 나는 지금 겪고 있는 문제 이상의 사람이다." 자신이 문제를 담는 그릇 이상의 존재라는 걸 확인해주는 이 간단한 말 덕분에 문제가 걷잡을 수 없이 커지는 상황을 막을 수 있다. 자신이 문제가 아님을 알게 될 것이다. 우리는 그저 그 문제를 인식하는 사람이다.

• 이미지를 그려 문제 상황에서 빠져나오기

조용한 곳으로 가서 눈을 감아라. 한동안 당신을 괴롭히고 있는 일에 관해 생각하라. 의식의 검은 화면 위에 그 일이 나타나는 걸 보라. 문제의 모든 측면에 주목하라. 어떻게 보이는지, 언제 나타나는지, 마음속에 떠오르면 어떤 느낌이 드는지, 어떤 고통과 공포를 느꼈으며 과거에 해결하려 하다가 어떻게 실패했는지 등 문제와 관련된 내용 중 떠올릴 수 있는 건 전부 생각해본다.

이제 자신과 문제를 분리하라. 문제가 마음속 스크린 위에 떠 있도록 그냥 두어라. 동정심 있는 관찰자가 되어 비판 없이 화면을 통해 문제를 바라보라. 마치 영화를 보듯 문제를 바라보고 무엇이든 모습을 바꿀 수 있게 두어라. 무엇이든 문제가 원하는 대로 하도록 애정을 담아 허락하고 그저 지켜보라. 그러다 보면 문제가 변화하며 의식 속에서 나타났다 없어졌다 하다가 사라질 것이다.

화면에 나타나는 변화와 움직임을 보면서 에너지가 할 일을 한다는 걸 알고 그저 보살피는 눈길을 주는 관찰자로 남아 있어라. 이처럼 관찰하는 행위를 통해 문제가 소멸되었다는 느낌을 받는다면 따뜻한 시선을 지닌 관찰자로서 계속 바라보면 된다.

나는 엄지발가락 가까운 쪽에 부상을 입어 테니스를 치기 아주 힘들어졌을 때 관찰 행위를 실천했다. 부상을 입은 나는 계속 이렇게 말하고 있었다. '이 부상 때문에 원하는 일을 할 수 없어. 그래서 너무 화가 나.' 하지만 관찰자의 입장에 서자 더는 나를 다친 사람으로 보지 않게 되었다. 고통받는 건 내가 아니라 내 몸일 뿐이었다. 관찰자의 입장이 되자 말하는 내용도 바뀌었다. '이건 내가 아니야. 이건 내가 느끼는 고통이 아니야. 이건 몸이 느끼는 고통이야. 나는 내 몸이 아닌걸. 고통을 받는 건 내 몸이지, 내가 아니야.'

그리고 내가 드러내고 싶은 부분, 즉 발이 건강해지는 데 관심을 두었다. 발가락 부상 때문에 며칠 동안이나 힘들었고 다리를 절뚝거리며 온갖 우스꽝스러운 모습으로 다녀야 했는데, 건강한 발에 관심을 둔 다음 테니스를 치러 갔더니 그런 증상이 사라졌다.

젊었을 때도 이렇게 관찰자가 되어 문제를 해결했던 적이 있었다. 고등학교와 대학교에 다닐 때 나는 디트로이트에 있는 크로거 슈퍼마켓에서 일했다. 그곳에는 1,000개가 넘는 무거운 상자를 가득 실은 커다란 트럭이 들어오곤 했다. 나는 종종 혼자서 상자를 내려 컨베이어 벨트에 올리는 작업을 했다. 작업을 할 때는 덥고 허리가 부러질 것 같았다.

그러다 어느 지점에서 스스로 관찰자가 되자고 생각했다. 트럭 전체를 살펴보고 상자가 전부 컨베이어 벨트 위에 올라가고 트럭이 텅비는 모습을 마음속에 그렸다. 하차 작업을 할 때는 직접 몸으로 작업 내용을 확인하는데 그렇게 하기보다 내가 하차 작업하는 모습을 바라보기로 했다. 자신을 관찰하되 작업과 동일시하지 않는 과정을 거치자 일이 빠르고 부드럽게 진행되었고 전처럼 힘들지도 않았다. 나는 전과 다른 종류의 에너지, 즉 높은 인식에서 나오는 에너지를 통해 노동과 나를 동일시하기보다 그저 바라봄으로써 시간을 보낼 힘과 능력을 얻었다.

인생의 모든 측면에서 나와 인생을 동일시하지 않고 바라볼 수 있으면 한때 아주 어려워 보였던 일도 아무 의미가 없어진다.

• 더 이상 A 유형의 행동으로 스트레스를 받지 마라

비즈니스 세계에서 많은 사람이 그렇듯 마감 일정에 쫓기고 A 유형 행동에 시달리고 있다면 거기서 자신을 분리해야 한다. 이때도 마찬가지로 관찰자가 될 수 있으며 일을 하는 자신의 모습을 지켜보며 느긋해지도록 한다. 관찰자의 관점에서 보면 마감 일자가 다가올 때 항상 느끼는 모든 스트레스가 얼마나 터무니없는 것인지 알 수 있다. 그런 스트레스는 그저 몸이 받는 것일 뿐이다. 더는 우리가 스트레스를 받을 필요가 없다. 자신을 관찰하면서 불안이 사라지는 모습이 나타나는 데 관심을 기울이기만 하면 된다. 그뿐이다. 그러면 불안은 사라진다.

• 옳은 쪽보다는 친절해지는 쪽을 택하라

누군가와 갈등 상황에 놓였을 때도 관찰자가 되는 연습을 하라고 권하고 싶다. 상대방의 의견이 잘못되었다는 생각을 넘어서라. 대신 관찰자의 관점에서 자신과 상대방을 살펴라. 그러면 얼마 지나지 않아 근심거리를 만드는 행동을 하는 게 어리석은 짓이라는 걸 깨닫고 전보다 고상한 반응을 보이는 쪽으로 변한다.

예전부터 마음에 품고 있는 문장이 하나 있는데, 내가 여러분에게 알려줄 수 있는 그 어떤 방법보다 가장 큰 평화를 가져다준다고 생각한다. '내 말이 옳다고 증명하는 일과 친절한 일 사이에서 선택해야 한다면 항상 친절해지는 쪽을 택하라.'

배우자나 동료, 심지어 낯선 사람과의 모든 갈등 상황에서 우리는 항상 자기 말이 옳다고 증명하는 일과 친절해지는 일 사이에서 선택해야 한다. 자신의 말이 옳다고 증명하는 쪽을 택하는 건 상대방이 틀렸다는 걸 증명하겠다는 것이고, 선택을 내리는 즉시 불화가 일어난다. 그러나 친절해지는 쪽을 택하면 이는 높은 자아이자 관찰자의 목소리를 따르는 것이다.

따라서 "그거 알아? 이번 주에만 네 번째 그 소리야. 넌 언제나 내가 틀렸다고 말하려 해. 네 생각에 틀린 사람은 누구인 것 같아?"라고 말하지 말고 이렇게 말하기로 선택할 수 있다. "그거 알아? 네가 정말 좋은 의견을 말해줬어. 나는 그런 식으로는 한 번도 생각해보지 못했어." 관찰자가 자리를 이어받은 후부터는 그간 논쟁을 벌이며 시달렸던 모든 걱정과 스트레스가 사라진다. 그러니 내 말이 옳다는 걸 증명해야 하거나 친절해지는 길을 선택해야 한다면 친절해지는 쪽을 택하려 노력하라. 갈등 상황이 쉽고 평화롭게 해결되는 모습을 볼 수 있다.

• 내면의 존재를 인식하라

자신과 내면세계 사이에 조화를 이뤄라. 자신의 생각을 알아차리고 생각하는 존재, 실제 생각 뒤에 있는 보이지 않는 자신의 존재를 인식하라. 사람들은 자신이 생각을 떠올리는 존재라고 여기기보다는 생각 자체라고 믿는 경우가 많다. 생각을 떠올리는 존재는 관찰자와 비슷하다. 바라보는 존재다.

양자물리학을 통해 배운 창조의 역학에 따르면 우리가 어떤 것에 관심을 둘 때 파장의 상태에서 입자의 상태로 변화가 일어나 모습을 드러낸다. 다시 말해 원하는 것에 관심을 계속 두면 파장의 상태(즉 생각의 상태)가 입자의 상태(형태 혹은 형상)로 변화한다. 양자물리학의 개념은 아주 흥미로우며 우리 삶에 얼마나 쉽게 적용할 수 있는지 알면 훨씬 더 재미있다. 일단은 자신이 관찰의 대상이라기보다 관찰하는 존재라는 점만 기억하자.

· 인생의 아름다움을 음미하는 시간을 가져라

명상하는 시간을 가져라. 아름다운 우주를 바라보는 시간을 가져라. 만사에 지혜가 있고 만물에 감사할 거리가 있다. 내면세계를 비판과 회의, 의심, 괴로움, 고통으로 채우기보다 항상 자신에게 선택권이 있다는 점을 기억하라. 모든 생각은 통제할 수 있다. 생각하는 대로 일이 펼쳐진다는 점을 마음에 새기면 잘 풀리지 않는다고 생각하기보다 감사하게 여기는 일에 관심과 에너지를 쏟을 수 있다. 그러면 원하는 것이 모습을 드러낸다. 모든 건 내면을 바라보는 데서 시작한다.

내면의 소음을 끄고 마음을 비우기

인식을 높이는 세 번째 비결은 '내면의 대화를 차단하는 것'이다. 다시 말하지만 인식을 높이기 위해서는 다음과 같은 패턴을 따라야 한다. 먼저 의심을 지우는 법을 배운다. 의심이 사라지기 시작하면 관찰자의 시선이 생긴다. 의심이 깨끗이 사라졌을 때만 관찰자가 될 수 있다. 그리고 관찰자가 되는 가장 좋은 방법은 침묵을 지키는 것임을 알게 된다. 내면의 대화를 차단하면서 침묵을 지키는 법을 배워야 한다.

내면의 대화는 의견을 쌓아놓은 것 이상도 이하도 아니다. 그 의견들은 지금까지 살면서 여러 사람이 (물론 선의에서) 들려준 이야기인데 그 안은 의심으로 가득하다. 목적의식을 느끼지 못하거나 높은 자아를 알지 못하는 건 이런 이야기를 계속 반복하기 때문이다. 에고가 작동하는 것이다. 다음 장에서 에고에 관해 자세히 다룰 텐데, 여기서는 다만 더 높은 곳에 이르려면 항상 우리와 함께하는 신 혹은 사랑스런 존재를 알아야 한다는 점만 기억하라. 계속 내면의 대화가 말하는 대로 움직이면 그렇게 할 수 없다.

자신의 생각을 그저 관찰하고 비판하지 마라. 관찰자가 되는 법을 배우고 나면 이 일이 훨씬 쉬워진다. 아무것도 우리에게 접근하지 못하기 때문이다. 정말이다. 조용하고 텅 빈, 보이지 않는 그 장소에 다다르면 '호랑이를 가둔 창살 사이의 공간'이 무엇인지 알게 된다. 음악을 만드는 음표 사이의 침묵이다. 우리에게는 침묵이 필요하다. 가능한 한 침묵의 시간을 많이 가져라. 《도덕경》에서 노자는 이렇게 말했다.

완전한 비움에 이르라.
고요함을 지켜라.
세상 만물의 움직임을 통해
만물의 끝이 시작으로 돌아가는 모습을 보라.

만물이 번성한다 해도 하나씩 하나씩

뿌리로 돌아갈 뿐이다….

뿌리로 돌아가는 것은 고요함을 찾기 위함이다.

고요함을 찾는 것은 자신의 명을 다하기 위해서다.

《도덕경》16장에는 내면의 대화에 관한 심오한 사고가 엄청나게 많이 나온다. 하지만 지금 우리에게 필요한 이야기는 내면의 끊임없는 재잘거림으로부터 벗어나는 방법을 배우는 일이다.

마음이 여러 층을 지닌 연못이라고 생각하자. 온갖 소란이 이는 곳은 연못 전체에서 아주 작은 부분을 차지하는 수면뿐이다. 마음도 연못과 상당히 비슷하다. 연못의 수면에서는 거친 물결이 일고 나뭇잎이 떨어지고 먼지가 앉았다가 바람이 분다. 끊임없이 얼다가 녹다가 하며 빗방울이 수면을 때리고 눈이 퍼붓는 등 온갖 소란이 일어난다. 마음에서도 이처럼 소란스러운 재잘거림이 끊이지 않는다. 계속 과거의 일을 곱씹는다.

마음의 연못에 조약돌을 던지면 수면 아래로 약간 내려가는데 거기서 우리가 '분석'이라 부르는 일이 일어난다. 매사를 샅샅이 뜯어 살펴보는 이 작업은 본질적으로 지적 폭력이다. 표면 아래의 마음은 계속해서 이런 질문을 던진다. 그가 왜 그랬을까? 그녀는 왜 그랬을까? 왜 이 일은 그렇게 되는 거지?

명상을 배우면 더 깊은 곳으로 들어간다. 조약돌은 분석의 층을 지나 더 아래의 '통합'이라 불리는 층으로 내려간다. 여기서는 만사를 뜯어서 살피기보다는 함께 모은다. 만물 사이의 연결 고리를 보며 서로 분리되어 있다는 환상을 깬다. 이곳에서는 만물이 어떻게 이어져 있는지 알게 된다.

통합의 층을 지나 조금 더 아래로 내려가면 모든 생각이 사라지는 '텅 빈 마음'이라 불리는 곳이 나온다. 여기는 아주 조용하다. 우리는 '사이', 즉 생각과 생각 사이의 공간으로 들어간다.

마침내 조약돌은 여러 가지 이름으로 불리는 곳, 신이 머무는 장소에서 멈춘다. 신성한 그 공간은 우리 안에 있다. 성경의 구절처럼 "하나님으로서는 다 하실 수 있느니라."With God, all things are possible.(마태복음 19:26) 자, 이제 무엇이 남았을까? 아무것도 남지 않았다. 신의 단 하나뿐인 목소리는 침묵이다. 그러므로 우리가 우리 자신에게 줄 수 있는 최고의 선물은 신의 목소리를 들을 공간을 마련하는 일이다.

의심을 지우고 관찰자가 되는 과정을 통해 내면의 대화를 차단하면 그동안 사람들이 했던 말들로 이뤄진 믿음 체계를 버리게 된다. 바로 여기서부터 믿음이 앎으로 바뀌기 시작한다. 높은 자아에 관한 모든 의심을 지우고 앎으로 나아간다.

요컨대 인식을 높이는 세 번째 비결은 마음의 평화와 조화를 깨뜨리는 내면의 소란스러움을 줄이고 인생에 침묵과 여유 공간, 명상을 가져올 방법을 배워야 한다는 것이다.

수다스러운 내면의 대화를 차단하는 법

————✦————

내면의 대화를 차단하는 방법 몇 가지를 소개한다. 일단 다음과 같은 확언을 되뇌어보자. 나도 상당히 자주 되뇌는 말이다. '더 많이 들을 수록 침묵은 더욱 깊어진다.'

그리고 다음을 연습해보자. 앞서 이야기한, 마음의 여러 층을 지나 떨어지는 조약돌을 상상하는 방법이다. 연습할 때는 관찰자의 관점 이 되어야 한다는 점에 주의하자. 연습을 시작하기 전에 관찰자가 되 는 방법을 소개한 부분을 다시 읽어봐도 좋겠다. 다음을 연습하기 위 해서는 사건이 일어나는 동안 관찰하는 자세가 필요하다.

마음이 연못이라고 상상하라. 연못 위 수면의 소란스러움, 재잘거림 을 바라본다. 그리고 연못의 더 깊은 곳으로 들어가 마음이 분석하는 모습을 지켜본다. 조약돌이 통합층으로 떨어지고, 생각이 잦아들어 조용해지기 시작한다. 텅 빈 마음을 관찰하라. 마침내 조약돌이 완 벽하고 모든 것이 가능한 신성한 들판으로 내려오는 모습을 바라보 라. 이 들판에 도착하면 우리가 아는 모든 것이 더없는 기쁨이다. 이런 경험을 통해 자신을 몹시 괴롭히는 일을 해결할 수 있다. 사실 해결책은 매우 현실적이다. 문제가 있는 곳에 해결책이 있기 때문이다. 더는 외부에서 해결책을 찾지 않는다. 이제는 방향을 바꿔 내면을 향하라. 내면세계에서는 높은 자아가 말해주는 지혜를 직접 들을 수 있다.

지나치게 생각이 복잡하거나 혼란스럽다고 느낄 때 몇 분 동안 그 무엇에도 집중하지 않는 연습을 해보자. 내면의 대화를 멈추고 고요함을 느낀다. 그리고 이렇게 말한다. '쏟아지는 생각이 많지만 5분 동안 그 어떤 생각도 하지 않으려 노력할 거야.'

이건 마치 비눗방울 속에 마음을 넣는 것과 같다. 그러나 생각은 비눗방울을 뚫고 들어와 이렇게 말한다(이는 실제로 에고가 하는 일이다). '나를 생각해.' 그러면 다른 생각이 들어와 말한다. '아니야, 나를 생각해! 내가 정말 중요한 생각이라고!' 결국 굴복하고 만다. 처음 드는 생각은 이렇다. '이건 정말 어리석은 짓이야.' 그러고 나면 다른 생각이 떠오른다. '넌 해야 할 일이 있어.' 또 다른 생각이 나타난다. '집에 가는 길에 슈퍼마켓에 들러서 식료품을 좀 사야겠어. 맞아, 각종 고지서도 처리해야지.' 각각의 생각이 말한다. '나를 생각해!' 이는 에고가 그런 생각이 우리가 해야 할 일이라고 설득하는 것이다.

모든 생각을 비눗방울 속에 넣어 날려버리자. 끊임없는 마음속 재잘거림을 날려 보내기 위해 호흡을 도구로 삼아라. 호흡과 생각은 함께 간다. 깊고 길게 들이마시고 내뱉어라. 심호흡에 집중하면 평화가 찾아온다. 심박도 호흡처럼 관찰에 집중하는 도구로 사용할 수 있다.

만일 생각이 수면의 바로 아래 분석층에 있다면 장미를 떠올려라. 생각을 분석하는 일을 장미의 아름다움으로 바꾸면서 인도의 위대한 시인 라빈드라나트 타고르Rabindranath Tagore의 말을 떠올려보자. "장미꽃 속에는 이미 메시지가 담겨 있으니 우리가 사랑하는 사람에게 장미꽃을 건네지 않는가? 그 메시지는 언어인 말과 달리 분석할 수 없다." 그렇다. 장미꽃에 담긴 메시지는 분석할 필요가 없다. 우리도, 우리의 인생도 마찬가지로 분석하지 않아도 된다.

내면의 대화를 차단하는 또 다른 방법은 이렇다. 마음이 통합층에 있을 때, 즉 삶의 아름다움에 합일될 때 우리는 정신세계를 누리는 기쁨이 얼마나 즐거운지 알게 된다. 그러나 그 생각도 버린다. 가능성의 들판으로 가는 길을 흐리는 내면의 대화는 전부 차단한다. 남보다 더 정신에 집중하는 삶을 살고 있으니 나는 남보다 더 나은 사람이라고 에고가 말을 건다. 이것은 함정이다.

전보다 정신에 집중하는 삶을 산다고 느낄 때, 전보다 깨어 있다고 느낄 때, 높은 인식이 주는 진정한 자유로움을 경험할 때 이런 생각이 든다. '나는 다른 사람보다 정신에 집중하는 사람이야.' '내 배우자는 내가 어떤 길을 가고 있는지 정말 모른다니까.' 이는 내가 남보다 더 나은 사람, 더 특별한 사람이라는 생각에 가두려고 에고가 쳐놓은 덫이다.

사람은 누구나 각자의 인생길을 걸어간다. 신의 눈으로 보면 더 특별한 사람이나 더 나은 사람은 없다. 우리는 모두 신성하고 사랑스러운 존재다. 누구보다 나은 사람이 아니다. 만물이 어떻게 연결되어 있는지 깨닫고 통합에 이르면 내가 남보다 우월한 사람이라고 생각하지 않는다. 내가 남보다 우월하다는 생각은 에고가 좋아하는 덫이다. 에고는 우리가 이 덫에 걸려들기를 바란다.

언제든 스트레스를 받는 순간이라면 단 몇 초라도 좋으니 내면으로 들어가 조약돌을 깊은 곳으로 떨어뜨려라. 언제 어디서나 할 수 있는 일이다. 심지어 한창 회의하는 중에도 할 수 있다. 잠시 양해를 구하고 밖으로 나와 내면을 조용하게 만든다. 조약돌이 연못에 떨어지는 모습을 마음속에 그리고 높은 자아의 차분함과 고요함으로 마음을 가라앉힌다. 그런 다음 회의 장소로 돌아가면 전에 없는 명확함을 느낀다. 에고가 아닌 높은 자아가 이 순간의 삶을 이끌고 있기 때문이다.

마음을 고요하게 만들면 생각과 결과를 분리할 수 있으며 여기서 오는 차분함이 큰 기쁨을 가져온다. 에고가 잠잠해지면 이기적인 욕망과 관련된 성질이 사라지기 시작한다. 외로움, 절망, 아픔, 분노, 두려움, 걱정은 이기적인 욕망과 관련된 성질이다. 이 성질들은 목소리가 매우 크다. 우리가 조용히 더 높은 자아에 귀 기울일 때만 그 목소리들이 잦아든다.

마지막으로 어떤 것이든 좋으니 무예 수업에 등록하는 걸 추천한다. 무예 수업에서는 평정심을 갖춘 에너지를 키우는 법 그리고 자연의 완벽한 순서에 따라 몸을 움직이는 법을 알려준다.

부정적인 결과와 생각을 분리하는 일은 매우 중요하다. 지금까지 소개한 세 가지 비결이 분명 도움이 될 것이다. 그런데 네 번째 비결이 하나 더 있다. 네 번째 비결은 다음 장에서 자세히 살펴보기로 하자. 이 비결들은 전부 인식을 높이며 상상조차 하기 어려운 힘과 자유를 안겨주는 것들이다.

제6장

제멋대로인 에고에
끌려다니지 않을 것

높은 인식에 도달하는 네 번째 비결은 매우 중요해서 별도의 장으로 따로 다루고자 한다. 그 비결은 바로 '에고를 길들이는 것'이다. 앞서 소개한 세 가지 비결에서 이어지는 내용이다. 의심이 사라지면 만물을 믿기보다 알게 된다. 그러면 관찰자의 시각을 얻고 감정에 좌우되지 않으면서 무슨 일이 일어나는지 볼 수 있다. 이 과정에서 관찰력을 키우는 가장 좋은 방법은 침묵을 지키는 것이다.

에고는 신성한 마음의 장소에서 평정심을 유지하려는 우리를 밀어내려고 정말 열심히 애쓴다. 침묵은 어떤 가치도 없다고 계속해서 속삭인다. 에고는 다른 어떤 것보다 자기 보호를 중요하게 여기며 이런 말을 건넨다. '네가 지금 말도 안 되는 이 모든 일을 하고 있다는 걸 믿을 수가 없어.' 말도 안 되는 일이란 우리가 높은 인식에 귀를 기울여야 한다는 걸 아는 것이다. 앞서 비결대로 의심을 지우고 관찰력을 키우고 내면의 대화를 차단하면 에고가 일상의 의사결정을 방해하는 걸 막을 수 있다.

이번 장에서는 에고에 관해 더 알아보자. 앞으로 우리가 길들여야 할 게 무엇인지 분명하게 이해할 수 있을 것이다.

에고의 일곱 가지 특징

에고의 일곱 가지 구체적인 특징을 소개한다. 여기서는 간단히 소개하고 뒤에서 더 자세히 설명하겠다.

1. 에고는 거짓 자아다

에고는 스스로 생각하는 모습이므로 진정한 자신이 아니다. 에고는 진짜가 아니라 환상이다. 우리가 믿게 된 대상이다.

에고는 내가 아닌 사람을 나라고 믿게 하려고 애쓴다. 우리가 우리의 몸이라고 믿기를 바란다. 그래서 남보다 나은 외모가 되어야 하고 남보다 돈을 더 많이 가져야 한다는 생각을 하게 된다. 이는 거짓된 생각이다. 우리의 진짜 모습은 영원하고 변함이 없고 형상이 없다. 외모나 부 같은 것에는 전혀 신경 쓰지 않는다.

2. 에고는 갈라놓는 걸 좋아한다

에고는 우리를 신으로부터, 다른 사람으로부터 갈라놓으려 한다. 에고는 이렇게 말한다. '너는 이 세상에서 남다른 사람이야. 그런 남다름은 각별히 보호하고 키워야 해.' 이 때문에 우리는 끊임없이 다른 사람과 자신을 비교하거나 방어적인 태도를 보인다. 하지만 진정한 자아는 우리가 모두 하나라는 걸 안다.

3. 에고는 우리가 특별한 사람이라고 설득한다

에고는 우리가 남다를 뿐 아니라 특별한 사람이라고 속삭인다. 너니까, 너는 그런 배경이 있으니까 다른 사람보다 더 특별한 사람이라고 말한다. 정말로 우리가 특별하다면 다른 사람은 특별하지 않다는 말이므로 그런 생각은 버려야 한다. 신의 눈으로 보면 우리는 전부 특별한 존재다. 그렇다면 특별하다는 표현이 굳이 필요할까? 그건 그냥 꾸며낸 또 다른 표현일 뿐이다.

4. 에고는 언제든 우리의 기분을 망치려고 준비하고 있다

에고는 마음대로 안 되는 일이 있으면 기분 상할 이유가 된다고 말한다. 내 기분을 상하게 하는 사람보다 내가 더 나으며, 신이 하는 일을 어떻게든 고쳐야 한다고 말한다. 그래서 우리는 기분 상하는 일이 생길 때 화내고 싸우면서 나의 특별함과 남다름을 보호한다.

하지만 우리를 잡아먹으려는 재규어를 다루듯 남을 대하는 법을 배워야 한다. 재규어가 우리를 잡아먹으려 한다고 해서 기분이 상하지는 않을 것이다. '이 상황을 빠져나가고 싶어. 하지만 재규어는 재규어니까 나를 잡아먹으려 한다고 해도 기분이 상하는 건 아니야.' 세상의 모든 사람과 모든 일을 대하는 방법이 이렇다.

5. 에고는 비겁하다

다음은 케네스 왑닉Kenneth Wapnick 박사의 《기적 수업》에서 내가 정말 좋아하는 부분을 인용한 것이다.

> 에고는 믿음에 지나지 않고, 그 믿음은 구별하는 현실 속에 있다. 우리가 구별되는 사람이라고 믿는 한 에고는 계속 활동한다. 세상에 구별되는 건 없다고 믿으면 그제야 에고가 하는 일이 끝난다. 에고의 특징은 비겁함이다. 우리가 남들과 다르다고 계속 믿게 하려고, 할 수 있는 모든 일을 다 하기 때문이다.

> 에고는 두려움과 비겁함을 바탕으로 움직인다. 우리가 내면의 높

은 자아를 알게 되는 걸 두려워하며 우리가 직접 내면을 마주하고 힘을 얻는 걸 막기 위해 무슨 일이든 한다. 에고는 우리 내면의 아름다운 빛을 두려워하고 우리가 더없는 기쁨과 평화를 알게 될까 두려워한다. 그렇게 된다는 건 우리의 인생에 더는 에고가 필요하지 않다는 뜻이기 때문이다.

빛을 보면 어둠에 대한 공포가 사라지듯 내면의 빛으로 에고의 비겁함을 없앨 수 있다. 다시 말하자면 비겁한 행동은 그저 커다란 두려움이 드러나는 것일 뿐이다. 두려움을 해결하는 방법은 용기를 내는 것이다.

6. 에고는 소비를 즐긴다

에고, 즉 거짓 자아는 행복해지려면 더 많이 가져야 한다고 끊임없이 이야기한다. 그런 이야기를 듣다 보면 다른 사람과 비교하게 되고 자기가 가진 것들을 보며 이렇게 말한다. '새 차를 타고 더 큰 집에 살고 더 좋은 옷을 입고 더 멋진 배우자와 함께 있으니 나는 남보다 더 나은 사람이야.' 에고는 항상 소비를 더 많이 하도록 부추긴다. 그래야만 우리가 남들과 구별되는 사람이라는 생각을 더 많이 하기 때문이다. 그러나 앞서도 말했듯이 그런 생각은 꾸며낸 것이다. 진정한 자유를 누리기 위해 더 필요한 건 아무것도 없다.

7. 에고는 제정신이 아니다

정신 이상은 '자기가 아닌 어떤 것을 자기라고 믿는 것'이라고 정의할 수 있다. 에고는 거짓 자아가 진짜 자기라고 사람들이 믿기를 바란다. 에고는 만물이 연결되어 있으며 우리가 신의 일부라는 사실을 두려워한다. 그래서 그런 생각 대신 우리가 모든 면에서 남들과 구별되고 눈에 띄는 존재라고 믿기를 바란다.

나와 타인이 다르지 않다는 생각

───✧───

에고가 어떤 주장을 펼치든 우리는 남들과 구별되지 않는다. 남보다 더 나아야 할 것도 없고 세상 누구보다 더 특별하지도 않다. 우리는 그 자체로 영원하고 변하지 않는 존재다. 정신이 바로 자신이라는 것을, 신은 자기 안에 있다는 것을 알면 내가 남보다 나은 사람임을 증명해야 하거나 남들의 행동 때문에 기분 상할 이유도 없다.

에고를 정복해야 한다는 말이 아니다. 자신이 무엇이 아닌지 확인하면서 에고를 길들여야 한다는 말이다. 우리는 몸이 아니다. 우리는 이름이 아니다. 우리는 직업이 아니다. 지금까지 내가 누구인지 알려주었던 그 무엇도 내가 아니다. 우리는 영원한 영혼, 신성한 지혜의 일부다. 나를 나타낸다고 생각하며 내세웠던 것들 대신 진정한 자기를 알고 믿음을 가지면 나를 만든 바로 그 지혜를 알게 된다.

높은 인식에 다다르면 무엇보다 내가 남과 구별된다는 환상이 산산이 깨진다. 사람들에게 일어나는 끔찍한 일, 온갖 싸움과 빈곤뿐 아니라 어른이 된 후 우리가 뿌리 뽑기 위해 시간을 쏟은 일들을 보면 알 수 있듯이 우리가 느끼는 기쁨뿐 아니라 고통 또한 신성하고 보편적인 일이다. 살면서 누군가에게 일어나는 모든 일은 우리 모두에게 일어나는 일이다.

그렇기에 '우리 대 그들'이라는 생각을 버려야 한다. 그러기 위해서는 나와 남을 구별하려는 에고를 내려놓는 일부터 시작해야 한다. 자신을 인류의 구성원으로 여기기 시작하라. 다른 이에게 손을 내밀어라. 내 가족에게 하듯 이웃과 나누고 심지어 낯선 이와도 나눠라. 이웃도, 낯선 이도 하나이기 때문이다.

다른 나라를 여행하며 세관을 통과할 때마다 이게 얼마나 우스운 일인지 생각하곤 한다. 이 국경은 이 나라에 속하고, 저 국경은 저 나라에 속한다고 누군가가 정했고 이 땅에서 저 땅으로 가려면 여권이 있어야 하고 입국신청서를 작성해야 한다. 아주 오래전에 누군가가 이런 방식을 정했고 우리는 이를 고수해왔다. 물론 외부 세계의 법과 규칙을 따라야 하지만 내면적으로는 우리가 모두 이어져 있다는 걸 알아야 한다. 따지고 보면 우리는 모두 같은 사람이다. 모두 인류라 불리는 한 부족이다.

'우리 대 그들'이라는 사고방식을 버리기 위한 또 다른 방법은 한 시간 동안 '나'라는 대명사를 몇 번 사용하는지 확인하는 것이다. 내가 다른 사람과 구별되는 존재라는 생각을 멈추면 모든 사람에게로 시선을 넓힐 에너지가 생긴다. 나를 우리 중 하나로, 전체의 한 부분으로 보면 내면에 사랑 에너지가 들어올 공간이 생기고 이 에너지는 우리의 인식을 높여 자유를 선사한다.

우리는 생각이며 우주도 생각이기 때문에 뭔가를 파괴할지, 만들지 결정하는 가장 빠른 진동은 우리 마음속에서 나타난다. 우리의 마음은 우주의 마음 일부이므로 통일된 하나를 만드는 것 정도는 별로 어려운 일이 아니다. 하지만 에고는 우리가 그런 힘을 가졌다는 걸 알아차리지 못하도록 애쓴다.

높은 의식은 우리가 깊고 지속적인 변화를 일으킬 능력이 있다고 말하며 힘을 주지만 에고는 그런 메시지를 우리가 듣지 못하도록 방해한다. 그래서 우리가 사소한 문제에 신경 쓰도록 한다. 아침에 눈을 뜨자마자 커피를 꼭 마셔야 한다거나 저녁 잠자리에 들기 전에 달콤한 음식을 먹어야 한다는 등 우리는 일상의 여러 일에 너무 많은 에너지를 쏟느라 높은 의식이 보내는 메시지를 듣지 못한다. 직장에서도 보고서를 정확하게 썼는지, 마감 일정을 맞췄는지, 남들이 일을 잘하고 있는지 등 중요하지 않은 걱정을 하느라 쓸데없이 많은 시간을 쓴다.

이처럼 주의를 분산시키는 일을 전부 놓아버리면 높은 자아가 보내는 메시지에 집중할 수 있다. 그리고 우리 존재의 핵심에 깊고 뚜렷하며 강력한 추진력이 있음을 알게 된다. 우리에게는 처음 이 땅에 태어난 이유인 삶의 목적을 추구하고자 하는 깊은 욕구가 있다. 삶의 목적은 조화로움을 지향한다. 타인과 나를 구별하는 것이나 에고가 추구하는 얕은 활동은 삶의 목적과 아무런 관련도 없다.

에고가 말하는 '나'는 환상일 뿐

에고는 우리가 더 경쟁하고 소비해야 한다고 속삭인다. 자신을 증명하려면 장난감이 더 많이 있어야 한다고, 재산이 더 많아야 한다고, 더 크게 성공해야 한다고 말한다. 또 우리의 외모가 얼마나 뛰어난지, 우리에게서 얼마나 좋은 향기가 나는지, 우리가 얼마나 많은 보석을 지녔는지가 중요하다고 말한다.

세상에는 에고를 대하는 에고의 세상이 펼쳐져 있다. 모든 사람이 모든 사람에게 자신이 얼마나 중요한 사람인지 말한다. 하지만 우리는 에고에 굴복할 필요가 없다. "그래, 넌 중요한 사람이겠지. 하지만 내가 어떤 일을 했는지 들었어야 했는데! 내가 말해줄게." 이런 말은 할 필요가 없다.

여기서 말하는 '자기가 중요하다는 생각'은 자존감과는 전혀 관계가 없다. 자존감은 당연히 있어야 한다. 내가 누구인지 생각할 때 자존감, 가치, 자신감에 의문을 가질 필요는 없다. 우리는 신이 만든 신성한 존재다. 신은 편애하는 사람이 있다거나 실수를 한다거나 누군가가 특별하다는 생각은 하지 않는다.

자신에게 몰두하지 않을수록 더 큰 자유를 누릴 수 있다. 매사가 어떻게 이뤄져야 한다는 생각에 지나치게 매달리면 자유는 우리를 떠난다. 에고는 그런 집착을 부추기지만 높은 자아는 집착을 없앤다.

에고를 그림자처럼 여기면 도움이 된다. 빛이 있는 곳으로 가면 그림자가 지듯 우리의 에고도 진짜가 아니다. 손으로 잡을 수도 없다. 에고는 환상이며 높은 자아가 진짜다. 진짜 자신이 누구인지 알아야 항상 변하는 환상에 불과한 그림자와 함께 살지 않을 수 있다.

마찬가지로 우리가 담긴 몸을 보자. 흰 머리카락과 주름 하나하나가 죽음을 알리는 작은 신호 같다. 에고는 사람들이 몸에 집착하기를 바란다. 에고에게 가장 당황스러운 일은 죽음이다. 하지만 우리는 지금의 몸이 자신이 아니라는 걸 안다. 나는 몸을 바라보고 있는 존재이며 진짜 나는 영원하고 변하지 않는다.

힌두교의 경전 《바가바드 기타》에 이를 훌륭하게 표현한 구절이 있다.

당신은 결코 태어난 적이 없다. 그러니 어떻게 죽을 수 있겠는가? 당신은 결코 변화로 고통받은 적이 없다. 그러니 어떻게 변할 수 있겠는가? 태어나지 않았고 영원하며 태곳적부터 내려오는 불변의 존재다. 몸은 죽어도 당신은 죽지 않는다.

에고의 부추김에 넘어가 몸으로 나를 구별하지 않고 내 안에 변함없고 영원한 존재가 있음을 확인한다는 건 얼마나 자유로운 생각인가. 강조해서 말하지만 높은 자아가 진짜 자신이다. 에고는 그림자다. 지금 이 과정을 겪는 건 우리 안에 있는 변하지 않으며 태어난 적이 없는 영원한 나 자신이다. 이 점을 기억하는 게 정말 중요하다.

높은 의식과 정신적 인식 분야를 파고들수록 나는 점점 더 놀랐다. 그저 마음을 빼앗길 뿐이다. 진짜 나와 내면의 신을 알았다는 건 우리가 절대 혼자가 아니라는 뜻이다. 우리에게 필요한 모든 건 이미 풍부하게 준비되어 있다. 그리고 계속해서 생긴다.

내 경우를 예로 들면 이런 식이다. "신이시여, 좋습니다. 정말 그곳에 있다면 이걸 한번 보여주세요." 그리고 삶의 목적과 아주 관련 깊은 내용을 책으로 쓴다. 사람들이 좋아할지, 출판사에서 반길지, 과연 베스트셀러가 될지, 돈을 많이 벌 수 있을지는 생각하지 않는다. 그런 건 이미 내 삶에서 사라졌다. 요즘 나는 마음에서 우러나는 내용을 쓰는 데 집중하고 있다. 나는 그다음 질문을 하고 또 할 뿐이다. 에고로부터 어떻게 벗어날 수 있을까? 어떻게 다른 사람을 도울 수 있을까? 그러면 영락없이 답이 떠오른다.

책을 쓸 때 나는 어떤 내용을 담을지 마음속으로 이런저런 아이디어를 떠올리며 1년 정도 생각한다. 책을 쓸 준비가 되면 사무실과 집을 떠나 가까운 곳에 머무른다. 큰 방을 얻어 책으로 가득 채운다. 사람들이 보내준 책, 읽었던 책, 들어본 적 있는 책, 출판사에서 검토를 부탁하며 보내준 책 등이다. 이 과정을 통해 나는 세상에 우연이란 없음을 확신했다. 나와 전혀 상관없는 책이라 해도 내 의식의 일부는 그 안에 있었다. 아무 책이나 펼치면 내가 찾고 있던 바로 그 내용이 정확히 있다. 그래서 주변에 온갖 책을 두고 글을 쓰다가 무작위로 골라 들어 펼친다. 내가 원하는 건 무엇이든 거기 있기 때문이다.

당신도 인생에서 나타나는 무슨 일이든 높은 자아가 처리하는 수준에 도달하면 더는 에고에 휘둘리지 않을 것이다. 에고가 아닌 진짜 자신의 소리를 들어라. 에고를 내려놓고 진짜 자신을 믿으면 기적이 펼쳐진다.

제7장

나 혼자서도 충분하다며
고집 피우지 말 것

THE POWER *of* AWAKENING

잠시 세포에 관해 이야기해보자. 하나의 세포가 조화롭게 유지되면 바로 옆에 있는 세포와 협력하며 다른 세포를 해치거나 망가뜨리지 않는다. 그렇게 평화로운 상태가 유지된다. 이 조화와 협력이야말로 삶의 본질이라 할 수 있다.

반대로 하나의 세포 안에서 평화가 유지되지 않으면, 즉 질병에 걸리거나 하면 공격적으로 바뀌어 옆에 있는 세포를 해치려고 한다. 병든 세포는 전체나 조화에 대해선 전혀 생각하지 않는다. 전체를 생각하지 않기에 배려하지도 않는다.

현미경으로 들여다보면 보기 싫은 수많은 생명체가 우리의 피부나 장기에 살고 있다. 하지만 이런 생명체는 사실 우리 몸 전체를 생각한다. 위벽과 장, 발톱, 콧속에 있는 벌레를 생각해보자. 그들은 우리몸과 함께 조화를 이루며 살아간다.

사람들은 각자 자신을 하나의 개체라 여기지만 우리는 우리 몸에사는 수많은 종류의 박테리아 같은 생명체들로 이뤄져 있다. 그런데우리는 종일 걸으며 생각한다. '나는 한 개인이야. 나는 하나의 섬 같아.' 하지만 현미경에 보이는 수백만 생명체와 함께하지 않으면 우리는 걸을 수도 없다! 우리 몸 안에 전체를 생각하지 않는 뭔가가 들어온다면 우리는 그로 인해 죽음을 맞이할 것이다. 우리를 망가뜨리는건 '부조화'다.

세포가 내부에서 조화를 이루지 못해 불편한 상태가 되면 암세포가 되어 다른 세포에 영향을 미친다. 결과적으로 암세포는 스스로 망가지고 그 과정에서 몸도 망가뜨린다. 사회의 암적 존재도 그와 비슷하다. 스스로 조화를 이루지 못한 사람이 사회 전체를 망가뜨리고 자신도 망가지는 것이다.

따라서 세포 속의 암이든 사회의 암적 존재든 암에 대한 답은 '조화'다. 우리의 내면이 조화롭다면 우리 몸속의 세포가 그렇듯 옆에 있는 사람과 협력할 것이다. 그것이 평화와 건강으로 이어지는 답이다.

이는 전부 형이상학에서 이야기하는 짧막한 가르침이다. 아인슈타인은 "만물은 상대적이다."라고 말했다. 그리고 니체는 "모든 건 상대적이니 뮌헨은 몇 시에 이 기차에 도착하는가?"All things being relative, what time does Munich stop at this train? 라는 질문을 던졌다. 뭔가 생각할 거리를 주는 물음이다.

모든 것은 상대적이다. 세포의 총합인 우리는 몸속의 세포보다 더 클까, 작을까? 끝없는 우주에서 세포가 우리보다 크거나 작다는 건 그저 맥락상의 문제다. 다만 우주에서 하나의 세포는 또 다른 세포만큼이나 필요하고 중요한 의미를 지닌다.

마찬가지로 발톱에 사는 벌레는 나와 전혀 상관없을 것 같지만 여전히 내 일부다. 우리는 모두 하나다. 앞 장에서 이야기했던 것처럼 이 하나 됨과 보편성은 그저 생각이 아니다. 우리는 모두 이어져 있다. 모든 사람이 조화를 이뤄 우주의 섭리대로 흘러간다면 세상에서 가장 강력한 힘을 발휘할 것이다.

우리는 모두 서로에게 필요한 존재다

어느 날 달리기를 하면서 이런 생각이 들었다. '우리는 모두 하나인데 왜 그렇게 남들과 구별하려드는 걸까?' 30미터쯤 앞에 누군가가 달리고 있었고 나는 그 사람을 보며 생각했다. '어떻게 내가 저 사람과 하나일 수 있을까? 나는 저 사람의 이름도 모르는데. 나는 저 사람에 관해 아는 게 아무것도 없어. 우리 사이에 어떤 연결 고리가 있는 걸까?' 그런데 갑자기 정말 놀라운 사실을 깨달았다. 그 사람과 나는 떨어져 있기는 했지만 분명 이어져 있었다. 사람은 모두 아주 제한적인 시각으로 매사를 보는 경향이 있다. 다시 한번 말하지만 에고는 나와 남을 구별하는 걸 좋아한다.

다음번에 주유소에 가서 앞에 누군가가 길을 막고 있거나 당신이 차를 대야 할 자리에 먼저 차를 대는 사람을 보면 이 방법을 시도해보자. 짜증을 내는 대신 그들이 정확히 있어야 할 곳에 있다고 보는 것이다. 화내지 말고 받아들여라. 항상 마음을 열어야 한다는 걸 기억하자. 그와 나를 구별하지 말고 그와 내가 이어져 있는 부분을 보라. 그를 나의 일부처럼 대하라. 사실이 그렇기 때문이다!

세상 모든 사람은 어떤 식으로든 우리와 이어져 있다. 그러니 타인을 적대적인 태도로 대하는 건 그만두자. 우리 몸속 대장 안에 사는 미생물에게 "너희를 이곳에서 쫓아내기 위해 무슨 짓이든 할 거야."라고 말한다면 어떻게 될까? 그건 자신을 죽이는 일이다! 우리는 대장 내 미생물이 필요하다.

차원은 다르나 이런 사고방식은 모든 인류에게 똑같이 적용된다. 모든 사람을 나의 일부로, 내가 존재하기 위해 필요한 사람들이라고 여기기 시작하라. 얼마 지나지 않아 그들에게 강한 유대감을 느낄 것이다. 내 앞에서 달리던 사람에게 내가 느꼈던 감정처럼 말이다.

몹시 애착했던 몸을 떠나 다른 차원으로 들어갈 때 이 모든 걸 이해할 것이다. 그때가 되면 모든 인류는 하나라는 걸 분명히 알게 된다. 예를 들어 인류가 직소 퍼즐이라고 상상해보자. 그런데 퍼즐 한 조각이 사라졌다. 당연히 퍼즐 조각이 빠진 자리에 눈이 가고, 잃어버린 퍼즐 조각 없이는 전체 퍼즐을 완성할 수 없음을 알게 된다. 우리는 인류라 불리는 퍼즐의 한 조각이다. 누군가 퍼즐에서 빠지거나 조화를 이루지 못하면 전체 퍼즐을 완성할 수 없다. 이것이 바로 한 사람, 한 사람이 얼마나 중요한지 정확히 보여주는 비유다. 우리는 인류를 완성하는 조각이다.

형이상학에서 수 세기 동안 말해온 내용을 오늘날 과학이 증명하고 있다. 세상에서 가장 작은 아원자subatomic 크기 수준의 생명을 공부해보면 모든 입자가 신비한 방식으로 서로 이어져 있음을 알게 된다. 아원자 입자는 모두 외부의 어떤 신비한 힘에 통제받으며 모두 목적이 있다. 그 무엇도 무작위로 이뤄지는 건 없다. 우주에서 우연히 일어나는 일은 없다.

나는 이런 개념이 아주 흥미롭다. 모든 아원자 입자에 목적이 있고 우리가 그런 아원자 입자로 구성되어 있다면 이 개념을 우리에게 적용하지 않을 이유가 무엇일까? 어느 날 오후 5시쯤 뉴욕 지하철에서 올라오는 셀 수 없이 많은 사람을 본 적이 있었다. 그 모습은 마치 개미 떼와 같았다. 다들 막 지하철에서 내려 어디론가 가고 있었다. 돌이켜 보면 그들은 모두 아원자 입자처럼 목적이 있었다.

이 모습을 우연이라거나 무작위적인 행동이라고 보는 건 우리의 시야가 좁기 때문이다. 우리는 매사를 몸을 통해 제한적인 관점으로 본다. 그러나 만사에 목적이 있다는 걸 알면 더는 그렇게 보지 않는다. 모든 사람이 정확히 해야 할 일을 하고 있으며 자신이 있어야 할 곳에 있다. 그리고 우리도 그 안에 있다. 그렇게 자신이 받아들여졌다는 걸 아는 순간 축복의 물결이 밀려오는 걸 느낄 수 있다.

화를 내고 싶지 않다면 사랑하기로 선택하라

요즘 나는 예전이었다면 짜증 났을 일을 사랑으로 받아들이는 경우가 많다. 어느 날 차가 주차된 곳으로 갔더니 주차단속 요원이 정해진 주차 시간에서 30초를 넘겼다고 주차 위반 딱지를 끊고 있었다. 10년 전이었다면 아마 화를 냈을 것이다. "어떻게 이럴 수가 있담?!" 하지만 그동안 나는 다른 사람이 행동하는 방식에 대처하는 일종의 내면의 방패를 키워왔다. 그들의 행동은 그들의 것이지, 내 것이 아니다. 더 이상 나는 다른 사람의 행동이 나를 좌우하게 두지 않는다. 그들이 이야기하는 상대는 웨인 다이어의 몸을 빌린 내 역할이지, 내가 아니기 때문이다.

그래서 나는 주차단속 요원에게 가서 말을 걸었다. 일반적이고 공감대를 형성할 수 있는, 예를 들면 "아이가 있으세요?" 같은 질문을 건네는 것이다. 하지만 주차단속 요원은 내 차에 부과할 딱지를 반정도 쓰고 있었고 아무래도 딱지를 끊기로 마음먹은 듯했다. 그래서 나는 이렇게 말했다. "딱지를 꼭 끊으셔야 한다면 그렇게 하셔도 좋아요. 당신은 당신의 일을 하는 거니까요. 하지만 당신은 정말 유쾌하고 좋은 분이세요." 거기까지 말하자 주차단속 요원은 쓰고 있던 딱지를 찢어버렸다. 사실 나는 그가 딱지를 부과했든 그렇지 않든 괜찮았다. 나는 어떤 결과에도 집착하지 않고 사랑을 주기로 선택했기 때문이다.

종종 나는 식당 종업원이나 항공 승무원, 택시 기사 등 서비스업에 종사하는 분들과 이야기를 나눈다. 그러면서 서비스업을 정말 훌륭하게 수행하는 사람은 다음과 같이 생각한다는 사실을 알게 되었다. '사람들은 내게 이야기하는 것이 아니야. 내가 수행하는 역할에게 말하는 거야. 저들은 종업원이라는 역할을 이런 식으로 대하는 사람일 뿐이고 그건 나와는 아무런 상관없는 일이야.'

조화를 이루는 길은 생각하는 방식에 있다. 그래서 누군가 우리를 미워한다 해도 우리 안에 사랑밖에 없다면 우리가 줘야 하는 건 사랑이 전부다. 게다가 사랑을 건네면 그들이 우리를 미워하는 마음도 누그러든다. 사랑을 주는 사람을 미워하는 건 정말 어려운 일이다. 싸우고 싶지 않은 사람을 상대로 싸우는 건 어렵다. 논쟁하기를 거부하는 사람, 그냥 논쟁에 흥미가 없는 사람, 논쟁에 끼지 않으려는 사람을 상대로 논쟁을 벌여본 적이 있는가? 아이들과 함께 있으려면 바로 이런 사람이 되어야 한다. 아이들은 끊임없이 우리를 코너로 몰고 가서 자신의 비논리에 끌어들이려 하기 때문이다. 일단 그 비논리를 받아들이면 완전히 끌려들어 간다.

손님 접대에 베테랑인 식당 종업원도 마찬가지다. 이들은 손님이 괴롭히거나 미워하거나 쓰라린 기억을 줄 때 사랑으로 답한다. 내면에 가진 게 사랑뿐이라 사랑을 내보낼 수밖에 없다. 매니저 같은 상사를 대할 때도 마찬가지인데, 이들은 다음과 같이 이해하는 경지에 이르렀다. '바보 같고 기분 나쁘게 행동하는 이 사람을 대하기는 정말 어려워. 하지만 나와는 아무 상관도 없어. 어떤 식으로 봐도 그들의 행동은 내 것이 아니야. 나는 사랑으로 답할 거야.'

완전히 깨어나 높은 인식에 이르면 타인이 나를 대하는 방식에 따라 소모되는 것들이 점점 줄어든다. 누군가 나를 나쁘게 대하거나 힘들게 해도 괴로워하지 않고 넘어갈 수 있다. "그 사람은 이렇게 행동하면 안 되는 거였어." "그녀는 좋은 사람이 아니야." 이런 식의 말은 하지 않는다. 그냥 그 자리를 떠난다. 마음속에서만 떠나는 것이라 해도 말이다. 진짜 핵심은 모든 일을 처리하는 방식이다.

최악의 상황을 겪어도 조화를 이루려 하면 나쁜 상황도 순식간에 긍정적으로 바꿀 수 있다. 특히 상대방이 나를 대하는 방식에 기분 상해하거나 화내지 않고 큰 그림에 집중하면 긍정적인 상황으로 바꿀 수 있다. '저 사람이 이런 식으로 대하는 나는 진짜 내가 아니야. 진짜 나, 내 존재의 본질은 저 사람이 바라보고 말하는 이 몸이 아니야. 진짜 나는 내가 생각하기로 선택한 방식이야. 그건 저 사람이 결코 가질 수 없지.'

또한 이제는 갈등 상황을 피하기 시작한다. 지금까지는 덤비는 사람에게 맞설 수 있다는 걸 보여줘야 한다고 배웠을지 모른다. 그러나 의식이 깨어나 더 많이 알면 알수록 갈등이란 조화를 해치는 짓임을 깨닫는다. 맞서거나 대립하는 건 문제를 해결하는 게 아니라 문제를 만든다는 걸 알게 된다. 내가 옳다는 주장을 더는 할 필요가 없다. 사람에겐 각자 주어진 인생의 길이 있음을 알고 각자 자신의 길을 갈 수 있도록 그냥 내버려두면 갈등 상황을 쉽게 피할 수 있다. 차가 막히거나 텔레비전 리모컨이 제대로 작동하지 않아서 짜증 내는 사람이 있어도 이젠 괜찮다.

나는 아이들과 있을 때 항상 이렇게 한다. 아이들은 누구를 불렀는지, 설거지를 해야 하는지 등 여러 가지 일에 감정적으로 집착한다. 나는 이젠 그런 이야기를 꺼내지도 않는다. 아이들은 자신이 책임져야 할 일이 무엇인지 알고 있다. 나는 이런 식으로 생각한다. '나는 너와 함께하지 않을 거야. 이런 토론에는 그냥 휘말리지 않을 거야.'

그리고 그 자리를 떠난다.

처음에는 마치 연기하는 것 같다. 해낼 때까지 해낸 척할 필요가 있다. 하지만 곧 제2의 천성처럼 자연스러워진다. 당신의 인생에 더 이상 불화는 없다. 불화를 눈치채지도 못한다. 겁쟁이가 되거나 괴롭힘을 당할 일도 없으며 피해자가 되지도 않는다. 사람을 끌어내리려는 일에는 그냥 들어가기를 거부하면 된다. 다른 사람보다 내가 낫다는 걸 증명하기 위해 그런 일에 끼어들 필요가 없다는 걸 당신도 알고 있다. 그런 일에 끼어든다고 해서 내가 옳고 남이 틀렸다는 걸 보여줄 수 있는 게 아니다. 상대방이 어디에 있는지 파악하면 갈등 상황에 휘말리지 않고 그냥 넘어갈 수 있다. 이렇게 부조화를 피하려는 사람이 많다면 전쟁과 갈등도 사라질 것이다.

타인에 대해 함부로 말하지 마라

———✧———

한 사람, 한 사람이 우주의 완벽함을 구성하는 요소다. 사람들은 모두 같은 길을 가지만 그 길 위에 서 있는 장소는 각자 다르다. 이 점을 이해하면 사람들과 조화를 이루는 것이 훨씬 쉽다.

최근 어떤 면접에 참관한 적이 있었는데, 한 면접관이 록 음악을 야만스럽고 미개한 음악이라며 깎아내리자 클래식 음악을 한다는 지원자가 이렇게 말했다. "어렸을 때 저는 록 음악을 좋아했습니다. 정말 큰 소리로 록 음악을 연주해서 가족들이 미칠 지경이라고 했었죠. 그러다 발라드 음악으로 취향이 변했고 로큰롤 음악은 거의 듣지 않게 되었습니다. 지금은 물론 클래식 음악을 작곡하고 있습니다. 하지만 어떤 음악도 깎아내리고 싶지는 않습니다. 그동안 여러 장르의 음악을 각각 들을 수 있었고 그 덕분에 여기까지 올 수 있었다고 생각합니다."

그 지원자는 '누군가 내가 싫어하는 음악을 연주했다고 해서 잘못했다거나 적절하지 않다거나 미개하다고 생각할 필요가 없음을 설명한 것이다.

남을 비평하는 건 에고의 활동이다. 이런 습관을 완전히 뿌리 뽑을 수 있도록 노력해야 한다. 결국 남을 비평하는 건 다른 사람의 모습을 밝히는 게 아니라 자신의 모습을 밝히는 일이다. 살면서 다른 사람을 이해하고 싶다면 그 사람이 인생길의 어디에 서 있든 다음 장소로 가기 위해 그가 있어야 할 곳이라는 점을 알아야 한다. 내 생각에 그가 있어야 할 곳이 아니라 그가 지금 있는 곳을 보라. 상대방이 어디에 있는지 알아야 한다. 그 무엇도 비평하지 말고 받아들이도록 노력하라.

다른 사람만이 아니라 자신을 비평하지 않는 것도 아주 현명한 태도다. 만일 매사에 끊임없이 확인받으려고 하거나 우울증을 겪고 있거나 누군가에게 통제받고 있거나 소유욕이 발동하는 등 뭔가 제대로 되어가지 않는다면 자신을 비평하지 말고 그냥 이렇게 말하라. '이러면 안 돼.' 깨어나 높은 인식에 이른 사람에게는 비평이 끼어들 여지가 없다.

깨어 있는 사람은 항상 자신의 모습을 발견한다. 나 역시 내가 무엇을 하고 있는지 안다. 예를 들면 나는 누군가와 이야기할 때 "음, 비평하려는 건 아니지만…."이라고 말하고는 뉴스에 나온 내용이나 뭔가 마음에 들지 않는 점을 두고 비평할 때가 있다. 그러면 나는 곧바로 나 자신에게 이렇게 말한다. '이러면 안 돼.' 누군가를 비평하는 한 결국은 그가 아닌 나 자신의 모습을 드러내게 된다. 나는 내 안에 여전히 다른 사람을 비평하려는 구석이 있다는 걸 안다. 그래서 다음번에는 비평을 줄이려고 노력하고, 그다음에 더 노력하는 식으로 행동한다.

그러다 보면 마침내 사람들의 행동을 있는 그대로 보는 경지에 도달한다. 그들의 행동을 좋아할 필요도 없고, 그들이 다른 누군가에게 상처 줄 권리가 있다는 등의 말을 되뇔 이유도 없다. 그저 비평을 멈추면 된다. 인생길에서 그 사람이 어디에 서 있는지 보고 내가 서 있는 곳도 보라. 그러면 자신이 하는 모든 일 또한 다음 단계, 또 그다음 단계로 가기 위한 일임을 깨닫는다. 지금 걷는 곳을 지나려면, 에고가 아닌 높은 자아에 가까워지려면 이 모든 길을 거쳐야 한다.

모든 사람이 나의 스승이다

———◆———

나는 전 세계를 여행하면서 만난 모든 사람에게 뭔가를 배웠다. 그저 그들은 조금 더 뭔가를 나눠 주거나 미소를 짓거나 사랑했을 뿐이지만 거기에 배울 점이 있었다. 사실 나는 버스 옆자리에 앉은 낯선 사람부터 가까운 가족까지 인생에서 만나는 모든 사람이 스승이라고 믿는다. 비결은 배우는 학생의 입장이 되어 스승이 가르쳐주는 내용을 열심히 배우는 것이다. 잘난 체하는 태도, 고고한 체하는 태도, 남보다 내가 낫다는 태도, 에고가 이끄는 대로 생각하는 태도를 버리고 무엇이든 배우려는 태도를 갖는 것은 매우 중요하다.

몸집이 자그마한 할머니가 당신이 운전하는 차 앞에서 1976년식 크림색 캐딜락을 타고 시속 30킬로미터로 달리고 있다고 해보자. 할머니는 운전대 너머는 거의 볼 수 없을 정도로 시력이 안 좋은 듯하다. 마치 정처 없이 돌아다니기로 한 것처럼 당신의 앞을 가로막고 천천히 운전하고 있다. 이 할머니는 신이 보낸 선물이다. 할머니가 앞을 가로막았다고, 운전이 미숙하다고 화낼 일이 아니다. 할머니는 정확히 있어야 할 곳에 있는 것이다. 할머니는 당신에게 매우 중요한 가르침을 주기 위해 그곳에 있다. 화가 치솟거나 할머니를 앞질러 속력을 내려는 순간 할머니는 당신에게 이런 가르침을 준다. '속도를 줄여야 해. 진정해.'

'화를 내서 벌을 받는 게 아니라 화가 너를 벌할 것이다'라는 옛말이 있다. 정말 와닿는 말이다. 심판의 날에 우리가 몇 번이나 화를 냈는지 계산해서 포인트 비슷한 것을 매기지는 않겠지만 문제는 우리가 화에 파묻힌 채 살아간다는 점이다.

세상일을 있는 그대로 존중하며 감사하게 여기지 않고 자신이 원하는 대로 풀리기만을 바라면 화가 우리를 벌한다. 끊임없는 분노와 증오, 괴로움에 파묻혀 살게 된다. 이는 때론 다른 사람을 변화시키기 위해서라거나 세상일이 돌아가는 방식이 마음에 들지 않는다는 식으로 표현되기도 한다. 아무튼 늘 그런 부정적인 감정만 갖고 있다 보니 사람들에게 줄 수 있는 것도 그뿐이다. 그렇게 스트레스를 많이 받고 살면 심박수가 오르고 온갖 질병에 걸린다.

그러니 그 누구도 당신을 통제하거나 내면의 신성함을 가리지 못하게 하라. 자신을 희생당한 사람이 아니라 신성함과 이어져 있는 일부로 여겨라. 우리에게 일어나는 모든 일은 신이 세운 완벽한 계획의 일부다.

이렇게 생각하면 정말 좋다. 당신은 상황을 선택할 수 있다. 세상을 있는 그대로 받아들이고, 내 생각대로 되었으면 좋겠다는 마음을 없애라. 세상을 어떻게 인식하고 일을 어떻게 처리할지는 전부 선택에 달려 있다. 모든 사람을 스승으로 삼으면 항상 열려 있기 때문에 커다란 교훈을 얻는다.

심지어 '옹졸한 폭군'이라 불리며 깊은 분노와 좌절감을 안기는 사람조차 귀중한 교훈을 준다. 우리는 그런 사람은 나쁜 사람이므로 미워하거나 적어도 무시해야 한다고 알고 있다. 하지만 지금까지 계속 이야기했듯이 모든 사람과 모든 일은 목적을 가지고 우리 앞에 나타난다. 우리가 좋아하고 허락한 일만 신이 세운 계획이라고 믿는가? 그렇게 생각하면 높은 인식에 도달하거나 진정한 자유를 누릴 수 없다. 모든 일이 신이 세운 계획의 일부다. 더 말할 것도 없다. 신의 계획을 반드시 좋아하거나 이해해야 하는 건 아니다.

내 아버지도 옹졸한 폭군이었다. 하지만 극적인 방식으로 내게 영향을 미쳤기에 나는 아버지를 가장 위대한 스승으로 여긴다. 내가 높은 인식에 도달할 수 있었던 계기가 바로 아버지를 용서하는 일이었기 때문이다. 내가 치료사로서, 친구로서 도움을 주었던 많은 사람의 인생을 떠올려보면 그들의 삶에서도 가장 큰 원한과 분노의 대상이었던 사람이 가장 위대한 스승이었다.

인생에서 정신적으로 높은 경지로 올라가는 때를 살펴보면 이혼, 파산, 설명할 수 없는 질병처럼 어떤 큰 고비를 맞이하고 난 후다. 개인의 인생에서도 그럴 뿐 아니라 집단의 삶에서도 마찬가지다. 국난과 분열 등 나라가 어려움을 겪으면 분쟁 해결을 위해 나라 전체가 기존의 사고 수준을 넘어서는 방법을 알게 된다.

인생의 몰락을 겪거나 옹졸한 폭군을 만나면 이는 정신적으로 성장할 수 있는 진짜 기회다. 믿기 어렵겠지만 에고는 우리의 인생이 몰락하는 걸 두려워한다. 그보다 차라리 우리가 비참함을 꾸준히 느끼는 편을 좋아한다. 그래서 우리에게 심장마비가 일어나는 걸 원하지 않고, 우리가 이혼하기를 원하지 않는다. 인생의 몰락을 겪으면 우리가 신을 찾는다는 걸 에고는 알고 있다. 살면서 크게 힘들 때 사람들은 내면의 높은 자아를 찾고, 에고는 높은 자아가 우리 인생의 일부가 되는 걸 두려워한다.

이렇게 새로운 시선으로 과거를 돌아보면 그동안 힘들었던 고비가 전부 우리의 인식 수준을 높인 추진력이었음을 알 수 있다. 그러니 앞으로도 옹졸한 폭군을 만나면 분노하거나 무시하기보다는 다음과 같은 질문을 던져라. '지금 이 일은 내가 성장할 에너지를 어떤 식으로 주려는 걸까?' 이런 식으로 생각하는 방법은 옛날부터 내려오는 훌륭한 가르침이며 우리 생활의 모든 측면에 적용된다.

이번 장에서 이야기한 여러 믿음은 전부 우리 안에 크게 자리 잡고 있다. 나는 남들과 다르다는 생각, 나는 중요한 사람이라는 생각, 나는 눈에 띄는 사람이라는 생각, 기분 상할 자격이 있는 사람이라는 생각, 소비해야 한다는 생각, 다른 사람과 비교해야 한다는 생각, 모두 거짓 자아가 만들어낸 생각이다. 이런 거짓 자아의 메시지는 사회적으로도 받아들여진 것이다. 에고는 사람들이 자신은 남과 다르다고 생각하는 문화를 만들어 내면의 빛을 알아차리지 못하게 한다. 그래서 우리는 개인적인 관계에서도, 집단 속에서도 서로를 무너뜨리는 무기를 만들고 끊임없는 갈등에 휘말린다. 하지만 이런 상황은 전부 뛰어넘을 수 있다.

우리가 하나라고 생각하면 그리고 이런 생각에 따르는 평온함과 기쁨, 조화의 즐거움을 알면 보다 높은 차원에서 움직이게 된다. 그러면 아이러니하게도 필요한 모든 것을 얻지만 그 무엇에도 애착이 생기지 않는다. 나는 특별하다는 생각, 남들과 다르다는 생각에 무심해지면 진짜 성공이 찾아온다.

제8장

무언가 되려 애쓰기보다
나 자신이 될 것

THE POWER *of* AWAKENING

정신적으로 깨어나면 만물에 질서가 있고 우리는 그 질서의 일부임을 알게 된다. 힌두교 전통에서는 이런 만물의 질서를 다르마$_{dharma}$라고 부른다. 우리가 다해야 할 의무 혹은 신이 세운 완벽한 질서를 따르는 방법을 말한다.

다르마의 개념을 잘 보여주는 이야기를 하나 살펴보자. 어느 날 현인이 강 옆에 앉아 있다가 강에 빠진 전갈을 봤다. 현인은 강으로 들어가 전갈을 구해주었다. 그러나 곧 전갈의 독침에 쏘였다. 얼마 후 현인은 그 전갈이 다시 물에 빠져 허우적거리는 모습을 봤다. 그래서 또다시 강에 들어가 구해주고 또 독침에 쏘였다. 그러자 이 모습을 보고 있던 한 사람이 외쳤다.

"왜 자꾸 전갈을 구해주시는 겁니까? 저 형편없는 녀석은 구해준 사람에게 보답이랍시고 독침으로 찌르고만 있는데 말입니다."

그러자 현인이 대답했다.

"전갈의 다르마는 당연히 독침으로 찌르는 겁니다. 그렇지만 전갈을 구하는 일도 사람의 다르마입니다."

만물의 질서를 안다는 건 다른 사람 혹은 다른 사물의 다르마에 맞추기 위해 자신의 다르마(질서 안에서 자신의 위치, 인간으로서 자신의 목적)를 미루지 않는다는 뜻이다. 내가 무엇인지 알고 세상에는 질서가 있다는 것을 안다. 다시 말해 내게 일어나는 모든 일이 신이 세운 계획의 일부라는 걸 안다.

그저 지금 하는 일에 집중할 뿐

─────✦─────

나는 강연하기 전에 강연할 내용을 청중이 어떻게 생각할지 고민하기보다 마음속으로 나의 생각에 집중한다. 마음속으로 사람들이 내가 하는 일을 좋아하고 내 말이 효과가 있다는 걸 알게 되는 모습을 그린다. 내면의 신성함을 믿으며 닳아 없어질 신체에는 신경 쓰지 않는다. 그리고 내 안의 지성과 조화를 이룬다. 그 지성을 누군가는 신이라 부르고, 누군가는 정신이라 부르고, 누군가는 영혼이라 부르고, 누군가는 의식이라 부른다. 이름을 어떻게 붙이든 그건 정말 중요하지 않다. 우주의 지성이 우리 의식의 일부라는 개념은 대단한 사람들만 아는 게 아니다. 동굴 속에서 명상하는 사람만을 위한 게 아니다. 어떤 일을 하든 매일의 일상을 살아가는 우리 모두가 알아야 할 내용이다.

나는 만사가 잘 풀릴 것이고 내 존재의 힘은 이 몸 안에 있는 게 아님을 안다. 이런 신뢰의 세계에 들어서자 사람들 앞에서 하는 강연이 정말로 좋아졌다. 그 어느 때보다 하는 일에 여유가 생기고 열정적으로 임하게 되었지만 강의 원고는 전보다 적게 가지고 다닌다. 사실 원고 없이 강연할 때도 자주 있다. 사람들이 삶의 질을 높일 수 있도록 도와주는 사람으로 있는 한 나 역시 도움을 받아 강의 내용을 잊지 않는다는 걸 알기 때문이다. 연단에서 도무지 무슨 말을 할지 모르다가 무대에서 내려오거나 사람들이 걱정할 만한 일은 일어나지 않을 거라고 믿으며 실제로 그랬다.

다른 사람을 도우며 인생의 목표를 잘 따라가고 있다는 걸 알면 내가 말하는 평온함을 이해할 것이다. 이 평온함은 단지 우리 안에만 있는 게 아니다. 우주 전체에 있다. 우리가 몸을 맡겨야 할 곳이다. '성공하지 못할 거야', '성과를 내지 못할 거야', '재산을 모으지 못할 거야' 같은 불안이나 두려움은 인생을 움직이는 가치가 아니다. 물론 그런 감정이 완전히 사라진다는 건 아니다. 하지만 더는 그런 감정이 우리를 움직이는 주요 동기가 되지는 않을 것이다.

글을 쓰는 일부터 방송에 출연하는 일까지 내가 하는 모든 일은 세상 사람에게 안정과 평안함과 조화를 주고 싶다는 내면의 바람이 바탕이 되었다. 그걸 알고 나니 삶은 저절로 흘러가는 기분이고, 모든 일이 예전보다 훨씬 잘 되고 있다.

어쩌면 누군가는 이렇게 말할지도 모르겠다. "네, 그러시군요. 그런데 웨인 다이어 박사님이시잖아요. 사람들이 전부 인정하고 잘나가시는 분이요. 그러니 이렇게 말씀하시겠죠. 하지만 저는 어떨 것 같으세요? 저는 신발을 팔아서 먹고삽니다." 나는 어떤 일을 하든 상관없이 인생에 같은 원리가 적용된다고 믿는다. 내면의 신성함에 몸을 맡기면 무슨 일을 하더라도 도움이 될 것이다.

에고와 타인의 말에 휘둘리지 않는다

———— ✦ ————

잠시 시간을 내서 자신에게 물어보자. '지금 나는 뭘 하고 있지? 나는 어떤 사람이지? 내 인생은 뭔가를 계속 쌓아두고만 있는 걸까?' 만일 '그렇다'라고 답한다면 엄청난 좌절감을 느낄 것이다. 계속 더 가져야 하는 에고의 병을 앓고 있기 때문이다.

살면서 무슨 일을 하고 있는지 생각해보면 궁극적으로는 이렇다. 나는 다른 누군가의 삶의 질이 좋아지도록 돕고 있는가? 만일 신발 파는 일을 한다면 신발이 어떻게 고객의 삶의 질을 높일 수 있을지 확인해보자. 고객이 자신을 어떻게 생각하는지, 신발이 발을 어떻게 보호하는지, 나는 무엇을 해줄 수 있는지 살피는 것이다. 하는 일이 무엇이든 우리는 사람과 관련된 일을 한다. 그러므로 돈을 얼마나 버는지, 어떤 상을 받을지, 회사에서 어디까지 승진할지 같은 문제가 인생의 본질이 아니라는 걸 알면 정말 도움이 된다. 내가 일하는 동기는 그저 남을 돕기 위해서다.

나는 매주 수백 통의 편지를 받는다. 그리고 되도록 답장을 많이 하려고 노력한다. 수년 전 한 여성이 이런 편지를 내게 보냈다. "로스앤젤레스에서 있었던 미국상담발달협회American Association of Counseling and Development 모임에서 강연을 하셨죠. 그때 에이브러햄 매슬로Abraham Maslow가 쓴 《전인》The Whole Man이라는 에세이에 관해 말씀하셨어요. 저는 그 글을 구하려고 여기저기 찾아봤는데 찾을 수 없었죠. 어디서 그 에세이를 구할 수 있을까요?"

당시는 인터넷이나 이메일이 널리 보급되지 않았던 때였다. 그 편지를 읽고 생각했다. 물론 "여기서 구할 수 있으실 겁니다."라고 짧게 답장을 보낼 수도 있지만 글을 직접 보내주고 싶었다. 그 글이 서재에 있는 어느 책에 실려 있다는 건 알고 있었지만 정확히 어디에 그 책을 두었는지 확실치 않았다. 그래서 책을 찾을 때까지 서재에 있는 책 전부를 확인했다. 그러고 나서 비서에게 부탁해 70페이지 정도 되는 글을 복사했다. 그때만 해도 그 정도 분량을 복사하는 건 꽤 힘든 일이었다. 나는 편지를 보냈던 사람에게 이렇게 답장을 썼다. "어디서 글을 구할 수 있는지 알려드리는 대신 사본을 보내드립니다." 그러고 나서 내 책 한 권과 함께 보냈다.

나는 그 여성이 뉴욕의 정신과 병원에서 일하는 사람이었다는 것 외에 아무것도 알지 못했다. 소포를 보내고 나자 잠시 이게 잘한 일일까 의심이 들었다. 하지만 그런 생각을 멈추고 옳은 일을 했다고 생각했다. 내가 책을 복사해 소포를 보낸 건 그녀에게 뭔가를 팔기 위해서도, 내가 이렇게 좋은 사람이라는 걸 알리기 위한 것도 아니었다. 그냥 내가 하는 일에 몸을 맡겼을 뿐이다. 이런 행동을 해서 무엇을 얻을 수 있을지 생각한 게 아니라 그저 그렇게 하는 게 옳다고 느꼈다. 단지 그녀에게 도움이 되는 행동을 한 것뿐이었다. 사랑을 담은 예의 바르고 친절한 행동이라 믿었고 그녀의 일이 수월해지기를 바랐다.

그렇기는 하지만 그 행동 하나로 멋진 일이 많이 생길 거라는 점은 알고 있었다. 아마 소포를 받은 여성은 주변 사람들에게 이야기를 전할 테고, 그녀뿐 아니라 이야기를 들은 사람들 역시 영향을 받아 다른 사람에게 친절한 행동을 할 것이다. 그렇게 선의는 계속 돌고 돌아 내게 돌아올 것이다. 이것이 더 좋은 세상을 만드는 방법이라고 나는 생각했다.

매일의 내 인생이 예술 작품을 만드는 과정이라고 생각한다. 내가 만드는 예술 작품은 남을 위해 더 많이 봉사하고, 더 많이 나누고, 더 많은 변화를 만들고, 더욱 조화로운 세상을 이루는 것이다.

세상의 모습은 정말 우리의 마음 상태를 반영한 것에 지나지 않는다. 그러므로 내가 사는 세상에 관한 내 마음 상태는 나의 내면에 높은 의식이 있다는 믿음을 반영한다. 그런 신성한 힘 혹은 사랑의 힘이 바로 내 마음이고 내가 이곳에 있는 이유다.

실제로 내면의 신성한 힘에 따라 움직일수록 좋은 일이 더 많이 생겼다. 예를 들면 나는 필요한 건 무엇이든 충분히 얻을 수 있다는 믿음에 따라 돈에 대한 애착을 내려놓았다. 그랬더니 지금은 누군가 보낸 돈이 도착하지 않는 날이 드물다. 십일조 혹은 종잣돈의 원리를 믿는 사람들이 보낸 경우가 많은데, 도움이 되는 이야기를 읽거나 듣고 내게 후원금을 보낸 것이다. 베풂과 후원을 규칙으로 삼고 자신이 믿는 대의에 따라 사는 이들 덕분에 우리 집 우편함에는 수표가 항상 들어 있다.

이제 나는 뭔가를 많이 얻거나 기적을 보고 놀라는 대신 그런 일이 일어나길 기대하는 쪽으로 마음가짐을 바꿨다. 돈을 향한 애착을 버렸더니 할인 상품을 찾을 필요도 없어졌다. 나로서는 정말 크게 성장한 모습이었다. 전에는 할인 상품이 없으면 아예 물건을 사지 않았을 정도였기 때문이다.

누군가에게 돈을 보내달라고 부탁한 적은 단 한 번도 없었다. 하지만 받은 돈은 다시 흐름 속으로 돌려보낸다. 수표를 받을 때마다 나는 이렇게 생각한다. '와, 누군가 돈을 보냈네. 하지만 이 돈은 나를 위한 게 아냐. 내가 하는 일을 위해서지. 그러니 이 돈을 어떻게 사용하면 좋을까?' 때로는 국제앰네스티에 기부해서 전 세계의 양심수를 석방하는 일에 힘을 보탠다. 책과 오디오북을 사서 도서관이나 교도소 혹은 책이 필요한 시설에 기부하기도 한다. 뉴스에서 힘들게 사는 사람이 나오면 그 사람에게 보내기도 한다. 서로 돕는 사람들 사이에서 돈은 아름답게 돌고 돈다.

누구나 사람과 관련된 일을 하고 있다는 점을 다시 한번 강조하고 싶다. 핵심은 타인의 삶의 질을 높이는 일이라는 것이다. 이 개념을 전 세계에 적용할 수도 있다. 평화는 개인이 지닌 내면의 평화에서 나타난다. 그러므로 평화로운 사람들이 많아지면 세계도 평화로울 것이다. 반대로 분노, 불화, 두려움, 불신으로 어려움을 겪는 사람이 많으면 세계는 무질서해진다.

조직도 마찬가지다. 모든 것이 한 사람, 한 사람의 행동이 모여 시작된다. 옆에 있는 사람을 제치는 일이 삶의 중심이 되어서는 안 된다. 사람과 관련된 일을 한다는 건 그런 게 아니기 때문이다. 모든 사람의 삶을 개선하기 위한 일이다. 자신의 삶을 먼저 개선하고 이를 함께하는 사람들과 나눠라. 그리고 사람들이 옆에 있고 싶은 친절한 사람이 된다. 그러면 일도 더 잘할 수 있다. 예를 들어 자동차 영업소에 들어갔다고 해보자. 아마 누구도 옆에 있고 싶어 하지 않는 사람을 쉽게 찾을 수 있을 것이다. 그런 직원은 보통 차를 많이 팔지 못한다. 이와 달리 옆에 있고 싶은 마음이 드는 직원은 대체로 영업 실적이 좋다.

만일 어떤 조직이나 집단에서 지루하게 지낸다면 지체 말고 떠나라. 벗어날 수 없다고 말하지 마라. 지위에 따르는 돈, 타인의 의견, 에고의 여러 유혹에 갇혀 자신을 소모하지 마라. 늘 상상했던 인생을 떠올리며 여기에 집중하라.

변화할 때가 되면 스스로 알게 될 것이라는 사실을 믿어야 한다. 스스로 알지 못한다면 어떤 식으로든 신호가 나타나고 정말 떠나게 된다. 있지 말아야 할 곳에 계속 머물면 상태가 악화되어 병이 나거나 사고를 당하기도 한다. 그 신호가 무엇이든 일이 잘 풀리지 않는다는 의미다. 그리고 그걸 곧 알아차릴 것이다.

에고의 특징 가운데 하나는 두려움이라는 사실을 기억하자. 높은 자아의 지혜를 믿어야 한다. 높은 자아는 우리가 실수할 수 없다는 걸 알고 있다. 세상은 완벽한 곳이므로 실수 같은 건 존재하지 않는다. 만사는 완벽하게 이뤄지며 우리도 그렇다.

많이 가질수록 더 공허해진다

———✦———

모두가 위로 올라가려고, 더 많이 가지려고, 더 많이 쌓으려고 앞다투는 요즘에는 다음과 같은 질문을 하는 게 중요하다. 그 모든 걸 가지고 대체 무엇을 하려는 걸까?

절대로, 아무것도 소유할 수 없다는 점을 기억하자. 우리는 이 세상에 태어날 때 빈 몸으로 왔고 떠날 때도 빈 몸으로 떠난다. 나는 주머니를 전부 잘라낸 양복 한 벌을 가지고 있다. 옷장을 열 때마다 난도질을 당해 구멍투성이인 우스운 꼴의 양복을 본다. 누군가 그 양복을 본다면 아마 이렇게 물을 것이다. "저게 도대체 무엇인가요?" 그러면 나는 대답할 것이다. "인생의 마지막에 입는 양복에는 주머니가 필요 없음을 기억하려고 만든 옷입니다." 그 양복을 볼 때마다 나는 형상의 세계를 떠날 때 뭔가를 가져갈 수 있는 사람은 아무도 없다는 사실을 떠올린다.

우리는 오직 생각을 통해서만 자신이 속한 관계를 경험하거나 소유한다. 우리는 우리의 배우자나 아이들이 될 수 없고 그들도 우리가 될 수 없다. 서로에 대한 경험을 생각 속에 남길 뿐이다. 배우자나 자녀를 절대로 소유할 수 없으며 그들도 절대 우리를 소유할 수 없다. 그들이 우리를 가졌다거나 우리가 그들을 가졌다는 건 환상이다. 실제로는 전혀 가지고 있지 않다.

물건도 마찬가지다. 우리가 물건을 소유하는 게 아니라 물건이 우리를 소유한다. 뭔가가 없어서, 예를 들면 멋진 차가 없다거나 좋은 집이 없다거나 손에 낄 반지가 없어서 불완전하다는 느낌이 든다면 우리의 인생에 무엇인가 부족하다는 신호다. 이렇게 불완전하다는 마음이 들면 물질을 손에 넣어야 완전한 사람이 될 것 같은 생각이 든다. 그래서 다이아몬드를 사고 자신에게 말한다. '다이아몬드를 가졌으니 행복해질 거야.' 그런데 행복하지 않다. 물건을 소유한다는 건 다만 환상이기 때문이다. 그래도 우리는 생각한다. '다이아몬드가 더 크면, 더 좋은 차라면….' 계속해서 더 많이 가져야 한다며 에고로 인한 병을 앓는다. 모든 걸 가지고 모으고 쌓아두고 움켜잡아야 한다면 물건의 희생자가 될 뿐이다. 아이러니한 점은 물건이 적게 필요할수록 더 많이 가지게 된다는 점이다.

완전히 깨어 높은 의식에 이른 사람은 더 많이 가지면 더 적어지고, 더 적게 가지면 더 많아진다는 걸 안다. 우리는 모두 이 세상에 잠시 다녀갈 뿐이다. 세상이라는 꿈의 일부로서 이 세상에서의 삶은 아주 짧다. 이곳에 있는 동안 어느 정도의 물건을 모으긴 하지만 떠날 때는 전혀 필요가 없다. 따라서 그렇게 물건에 매달리는 건 말이 안 되는 짓이다. 움켜쥔 손을 펼쳐 필요하지 않은 건 내려놓음으로써 필요한 것을 받아들일 여유를 만들어야 한다.

모든 만물은 흘러간다. 가장 잘 흐르는 것이 가장 강하다. 물과 바위를 함께 두면 누가 이길까? 물이 바위를 깎으므로 물이 이긴다. 하지만 그렇게 강한 힘을 지닌 물을 한 움큼 잡으려 하면 절대로 잡을 수 없다. 손을 꽉 쥘수록 손에 남는 물은 적다. 손을 물에 담그고 살며시 손을 펴야만 물을 느낄 수 있다. 물은 붙잡을 수 없다.

흔히 '흐름에 따르라'는 말을 자주 듣는데 이 말에는 많은 의미가 담겨 있다. 무엇과도 다투지 않는다는 뜻이다. 일어날 일은 일어나게 둔다. 여기서 '둔다'는 건 몸을 맡긴다는 뜻이다. 신의 뜻에 몸을 맡기고 일이 어떻게 될지 결과에 집착하지 않는다. 매우 어려운 일이긴 하지만 말이다.

정말 중요하다고 생각하는 일에 무심해지는 모습은 교향곡에 비유하면 쉽게 알 수 있다. 교향곡을 들을 때는 절대로 한 번에 전체를 다 들을 수 없다. 한 번에 한 순간씩밖에 듣지 못한다. 한 음을 듣고 나서 다음 음을 듣고 그다음 음으로 이어진다. 교향악단의 연주자들이 각자 흐름을 타고 한 번에 한 음씩 연주하는 내용이 '교향악'이라 불리는 연주와 이 연주의 감상 경험을 구성한다.

누구도 교향악을 들으면서 "아니야, 이 음은 중요하지 않아. 이렇게 한 음씩 나오는 게 중요한 게 아니야. 나는 이 음악 전체를 한 번에 듣고 싶어."라고 말하지 않는다. 한 순간씩 연주를 듣고 경험하며 다음 순간으로, 그다음 순간으로 이어진다. 따라서 이어지는 개별 음을 듣지 않고 음악을 감상할 수 있다는 건 어리석은 생각이다. 인생을 사는 법도 그렇다. 모든 물건을 가져야 한다는 생각에 집착하는 건 어리석은 짓이다.

집착을 버리는 연습으로 다음과 같은 방법을 시도해보자. 집 안 곳곳을 다니면서 아이들이 더는 가지고 놀지 않는 장난감을 전부 모아 기부하자. 아이들도 함께 참여하도록 한다. 그리고 옷장을 열고 지난 18개월 동안 입지 않았던 옷을 전부 모아라. 1년 반 동안 입지 않았다면 더는 당신의 옷이 아니다. 어떤 식으로든 아무것도 소유할 수 없다는 건 이미 배웠다. 우리는 빈 몸으로 태어나 빈 몸으로 떠난다. 그러니 안 입는 옷을 모아 다른 사람에게 보내라. 이제 차고로 가자. 거기서 모으기만 했을 뿐 사용하지 않았던 모든 물건을 꺼내서 사람들과 나누자. 세상에는 그 모든 물건을 쓸 수 있는 누군가가 있다. 물건을 흘러가게 하라. 계속 움직이게 하라.

가져야만 한다고 생각했던 모든 물건이 실은 우리를 가지고 있다는 걸 알아야 한다. 그렇다는 건 우리가 우리를 소유한 게 아니라는 뜻이다. 그래서 많은 사람이 지금 사는 곳을 떠나지 못한다. 움켜쥐고 있는 그 물건들을 어떻게 해야 할지 모르기 때문이다. "여기 물건이 너무 많아. 그래서 여길 떠날 수가 없어!" 이런 사람은 신의 메시지를 들을 수 없으므로 기회를 놓치고 만다.

물건에 집착하지 않으면 더는 물건이 우리를 소유할 수 없다. 그러면 우리도 필요 없는 생각에 덜 집착하게 된다. 이 과정에서 긍정적인 경험을 많이 하고 마음을 열게 된다. 이제는 정말 깨어난 인생을 경험하고 있으므로 전에는 우연이라고 생각했던 일들이 여러 가지 방법으로 나타난다. 집착을 줄일수록 점점 더 많은 것이 우리에게 온다. 무엇이든 더 많이 나눌수록 사물은 흐르고 움직여 삶이 더욱 풍요로워진다.

'이것만 하면 행복할 거야'를 버려라

상황을 받아들이고 지금 있는 곳에서 행복을 느끼라는 건 서구 사회에서 강조하는 내용이 아니다. 마치 태어나는 날부터 밖으로 나아가도록 정해진 게 아닐까 할 정도로 우리는 아주 어릴 적부터 훈련을 받는다. '여기 아기 놀이 공간을 벗어나면 방 전체를 가질 수 있어. 제발 여기서 꺼내줘.' 놀이 공간을 벗어나 방을 차지하면 이런 생각이 든다. '옆방에 들어가고 싶은데 복도에 안전 가드가 있어. 안전 가드를 넘어가야겠어. 그리고 나면 찬장으로 가서 냄비와 프라이팬을 꺼내 재밌게 놀 수 있을 거야. 거기 도착하면 재미있을 거야. 그리고 나면 아마 마당으로 나갈 수 있을까?' 그러면서 이번에는 마당을 목표로 삼는다. 그렇게 마당으로 나가면 담이 있고, 그다음에는 건널목이 나온다. 항상 '다음'이 기다리고 있다.

마침내 학교로 간다. 학교에서 생각하는 건 온통 밖으로 나가는 일 뿐이다. 초등학교 하면 떠오르는 건 '선'이다. 개인적으로 나는 선도 싫었고 허락을 받는 것도 정말 싫었다. 태어나서 5년 동안 화장실에 가고 싶을 때 갔는데 이제는 허락을 받아야만 한다. "여기서 나가고 싶어요. 화장실에 가는 것을 허락받고 싶지 않아요." 그러다 수업 시간이 되면 다시 줄 맞춰 서야 한다. '도대체 왜 이러는 거지?' 줄은 조금도 줄어들지 않고 계속 기다릴 뿐이다.

어쨌든 그다음은 중학교다. 중학교에 가면 줄 서지 않아도 된다는 걸 안다. 하지만 중학교도 있을 곳은 못 된다. 누구도 우리를 어른으로 대해 주지 않고 선생님이 시키는 대로 수업을 들어야 한다. 늘 "똑바로 앉아." 또는 "정숙. 떠들지 마." 같은 소리만 듣는다.

그렇게 중학교를 졸업하면 목표가 또 달라진다. '고등학교에 들어가면 괜찮을 거야. 완벽한 인생이겠지.' 그러나 고등학교에 가면 자신이 하찮은 신입생일 뿐이라는 걸 알게 된다. '좋아, 지금은 참겠어. 내년이 되면 그래도 졸업이 가까워질 테니까. 빨리 한 살 더 나이가 들면 좋겠다. 그럼 운전을 배워야지.' 이제 세상에 운전면허를 따는 일보다 더 중요한 일은 없다. 만 14~15세 무렵에는 운전면허를 따는 게 인생의 전부다. 그리고 그건 데이트를 생각하기 전까지다. '그래, 데이트를 하게 되면 인생이 진짜 완벽할 거야.'

열심히 공부하고 드디어 고등학교를 졸업한다. 하지만 그렇다고 꽃길이 펼쳐지진 않는다. 어른이 된 걸 축하받고 작은 파티를 연다. 그 후에는 진짜 인생을 마주해야 한다. '음, 대학에 가면 진짜 내 인생이 펼쳐질 거야. 분명 그럴 거야.' 그러나 대학에 가서는 이렇게 생각한다. '이건 아니야. 전과 별로 달라지지 않았잖아. 그냥 공부만 하고 있어. 물론 내가 원하는 수업을 고를 수는 있지만 공부해야 하는 건 똑같아.'

대학을 졸업한다. 결혼하면 진짜 인생이 펼쳐진다고 사람들이 말한다. '멋진 인생은 결혼 후에 찾아오나 봐. 결혼해야겠다.' 그리고 자신이 고른 배우자가 전에 한 번도 안 했던, 말도 안 되는 소리를 하는 걸 듣는다. '좋아. 결혼은 답이 아닐지 몰라. 아이가 생기면 괜찮을 거야. 아이가 생기면 내 세상이 완벽해지겠지. 나는 충분히 제 몫을 하는 사람은 아닌 것 같아. 아직 배우는 중인 거지. 하지만 아이를 가지면 인생이 완벽해질 거야.'

그러다 또 이렇게 생각한다. '사람들이 이혼하면 마침내 인생이 움직이기 시작한다고 하던데. 진짜 인생이 펼쳐지는 건 이혼 후라고 들었어. 내 배우자는 항상 내 발목을 잡아. 결혼 생활을 끝내면 진짜 인생을 살 수 있을 거야.' 또는 장소 탓을 하기도 한다. '도대체 내가 어떻게 여기 살게 된 거지? 고조부모님께서 이 마을에 자리 잡으신 이래로 아직도 여기서 살고 있어. 대체 여기서 뭘 하는 거지? 이제 됐어. 난 하와이로 갈 거야. 하와이에 도착하면 내 인생은 완벽할 거야.'

이런 생각은 무엇을 이뤄도 끝이 없다. '이직하면 괜찮을 거야.' '승진 후에 진짜 인생이 시작된다고들 하던데.' '은퇴 후에 진짜 인생이 시작된다고 들었어.' 그러나 사람들은 은퇴하면 옛날의 좋았던 시절을 이야기한다. 평생 '좋은 시절'은 없다. 좋은 날을 언제나 뒤로 미루며 바로 지금 좋은 시간 보내는 걸 싫어하기 때문이다. 가수 칼리 사이먼이 말했던 '지금이 좋았던 시절'이라는 표현을 이해하는 사람은 별로 없다.

우리가 하는 모든 일은 지금 이뤄진다. 늘 목표를 세우고 미래를 생각하고 일이 앞으로 어떻게 될지 신경 쓰는 사람은 매사에 감사하기보다는 영원히 좌절을 맛볼 수밖에 없다. 이런 사람은 목표를 이루기 위해 끊임없이 분투할 뿐 절대 목표에 도달하지 못한다.

당신은 이미 완벽하다

—◇—

모두가 성공하려면 목표가 있어야 한다고 말한다. 이 말은 우리 삶을 이끄는 격언이다. '어디로 가는지 모르는데 도착했다는 걸 어떻게 알 수 있을까?'라는 게 이 격언에 담긴 생각이다.

하지만 목표를 설정하는 것 말고 다른 방법이 있다. 산스크리트어에 '사토리'satori라는 단어가 있다. 배울 사람이 준비되면 스승이 나타난다는 뜻이다. 통찰의 순간을 맞이하면 평생 쌓아온 걸 바꿀 수 있다. 준비만 하면 된다.

의심을 떨치지 못하는 사람이 있을 것이다. 우리는 평생 목표의 중요성을 마음속에 새기도록 교육받아왔기 때문이다. 목표를 세워야 한다는 신념을 지닌 사람과 여기서 논쟁을 벌이려는 게 아니다. 내 말은 우리도 사토리를 가질 수 있다는 것이다. 사토리를 받아들일 준비가 되고 그럴 마음이 있다면 인생의 방향이 바뀌는 순간을 접한다. 사토리를 받아들일 준비가 된 사람은 이렇게 말한다. "나는 이 모든 문제(어려움)를 뒤집을 거야. 나는 흐름에 몸을 맡기고 내면의 높은 의식에 따를 거야. 난 혼자가 아니야." 이렇게 깨닫는 순간 인생의 목표는 전처럼 중요하거나 의미 있어 보이지 않는다.

인생의 모든 일에 목표를 세우고 계획해야 한다고 생각하면 수없이 많은 기회를 놓치고 만다. '신을 정말 웃기고 싶다면 네 계획을 신에게 말하라'라는 옛말이 있다. 매사를 계획해야 한다는 고집을 버리고 흐름에 자신을 맡기면 높은 인식에 도달하는 경험을 하게 된다. 그러니 목표를 이루려고 분투하는 데 집중하지 말고 현재에 집중하자.

또한 사람들은 매사에 최선을 다해야 한다는 생각에 매달린다. 그 이유는 사람들의 말 때문이다. 동기부여 전문 강사에서 운동선수에 이르기까지 수많은 사람이 매일 우리에게 이렇게 말한다. "최선을 다해야 합니다." 하지만 나는 이 말에 이의를 제기하고 싶다. 끊임없이 최고 수준으로 일하고 최고 수준의 성과를 내지 않아도 된다. 사실은 항상 완벽하게 일해야 한다는 생각 때문에 아무것도 이루지 못하는 경우가 아주 많다.

나는 박사 학위를 받고 나서 박사 과정 학업 상담사로 일했다. 그런데 전공과목 수업을 모두 듣고도 제대로 이해하지 못했다며 논문을 쓰지 못하는 학생이 많았다. 그러면 나는 이렇게 말해주곤 했다. "최선을 다해야 할 일이 아니야. 박사 학위를 받고 싶다면 논문을 일단 써야 해." 완벽주의에 사로잡히면 생활이 마비된다. 아무것도 해낼 수 없기 때문이다. 최고로 잘해내야 한다는 생각은 뿌리 뽑아라. 그리고 그냥 해보라.

무엇이든 항상 최선을 다하거나 최고로 잘해야 한다는 생각을 이렇게 바꿔보자. '내가 정말 잘할 수 있는 일이 몇 가지 있을 거야. 내가 열심히 하는 한 최고의 결과를 내겠지. 하지만 그 외의 일은 최고의 결과를 내야 한다고 걱정하지 않고 그냥 즐겁게 할 거야.' 아이들에게도 그런 부담을 주면 안 된다는 걸 기억하라. 항상 최선을 다해 최고의 결과를 내야 한다는 이야기를 들으며 온갖 스트레스를 안고 사는 것보다 평화롭게 생활의 조화를 이루며 자기 일을 즐기는 게 훨씬 중요하기 때문이다.

'최고'라는 건 사실 에고가 장려하는 개념이다. 에고는 높은 자아의 목소리, 즉 '누구를 이길 필요는 없어. 성과는 내지 않아도 돼. 그냥 지금 모습 그대로 좋아. 즐겁게 살아. 삶의 더없는 기쁨을 느껴'라고 속삭이는 말을 우리가 듣지 못하게 방해한다. 그러나 높은 자아의 목소리에 귀를 기울이면 지금 하는 일이 무엇이든 그 일의 결과물에 집착하지 않게 된다. 물론 일을 한다. 하지만 다른 사람들이 부여한 목적지를 찾으려 애쓰는 대신 그 여정을 즐긴다.

사람들이 자신이 서 있는 곳과 다른 세상을 원한다는 게 근본적인 문제다. 그러나 지금까지 들어온 이야기와 달리 세상은 완벽한 장소다. 세상에는 불안이 없다. 우울함도 없다. 스트레스도 없다. 그저 불안하다는 생각, 스트레스받는다는 생각이 있을 뿐이다. 화났다는 생각이 있을 뿐 세상에 화는 없다.

우리도 이 완벽한 세상의 일부다. 우리는 존재 그대로 완벽하다. 우리의 존재에 실수란 있을 수 없다. 높은 자아에 나를 맡기고 에고가 보내는 메시지를 차단한 채 지금까지 배운 고요함과 평화를 느껴라. 그러면 어떻게 희생자가 되었는지 더는 그 방법조차 떠오르지 않을 것이다. 그렇게 흐름을 타라. 목적지에 도달하지 않아도 된다. 지금 목적지에 살고 있기 때문이다.

제9장

생각만 하지 말고
'진짜'가 되게 만들 것

THE POWER *of* AWAKENING

내면이 평화롭고 고요해지면 다시 무질서해지는 게 불가능하다. 더는 자신을 불행한 희생자로 여기지 않는다. 만물의 뒤에 숨은 뜻을 보고 남들은 해결할 수 없다고 여기는 문제의 해결책을 찾아 나선다.

　다음 사례를 보면 내가 하는 이야기를 이해할 수 있을 것이다. 얼마 전 나는 플로리다주 포트로더데일에서 시카고로 가는 비행기를 탔다. 오후 1시 비행기였고 이륙 후 30분 정도 비행했는데 갑자기 마이애미에 착륙해야 한다는 안내를 받았다. 알고 보니 비행기의 착륙 장치가 접히지 않아 밖으로 나와 있는 상태에서 움직이지 않는 모양이었다. 승무원들은 비상 상황은 아니라고 승객들을 안심시켰다. 하지만 마이애미 공항에서는 착륙하는 동안 기절하는 승객이 있을 것을 대비해 구급차가 대기 중이었다. 활주로에는 화재에 대비할 수 있는지 확인하기 위해 뿌려놓은 소화용 거품까지 보였다.

사실은 어느 정도 위급한 상황이었다. 승객들은 다양한 반응을 보였다. 얼굴이 잿빛으로 변한 사람도 있었고 크게 겁에 질린 사람도 있었다. 한 커플은 일어나 소리를 지르기도 했다. 하지만 나는 전혀 그런 기분을 느끼지 않았다. 나 자신은 괜찮아 보였다. 두려워하지 않으려 애쓴 게 아니었다. 내 안에서 뭔가가 공포심을 대신했다. 내면의 평정심을 유지하며 모든 게 괜찮을 거라고 확신했고 나는 정말 괜찮았다.

사람들은 겁에 질려 어쩔 줄 몰라 하는 길을 택했지만 나는 마음을 가라앉히고 상황에 효과적으로 대처하기로 했다. 우선 옆자리의 남성을 진정시켰다. 그리고 주위를 둘러보며 비상구의 위치를 확인했다. 정신을 똑바로 차리고 정보를 모으고 살아남을 방법을 궁리하기로 결정했다. 나는 조금도 두렵지 않았다. 인생에서 더 빨리 그런 상황을 맞이할 수도 있었다. 상황은 두려울 만했지만 나의 내면에서는 평화로움과 인생을 완수했다는 성취감이 두려움을 대신했다. 또한 이번이 내 차례라면, 이번이 내 차례라면 그래도 괜찮다는 걸 알고 있었다. 육신이 내 존재가 아님을 알기에 때가 되면 몸을 떠나는 게 두렵지 않았다.

비행기는 무사히 착륙했다. 하지만 비행기에서 내린 192명은 이 제부터가 문제였다. 알다시피 비행기가 안전하게 착륙하고 나면 항 공사에서는 이런 안내부터 한다. "모든 비행기가 만석인 관계로 플로 리다를 떠나는 비행기의 좌석이 하나도 없습니다." 이제 어떻게 해야 할지 고민하며 공항에 갇혀 있어야 할 판이었다. 항공사에서는 우리 에게 호텔을 제공하지 않았다.

다시 한번 주위 승객들을 둘러봤다. 1분 전까지만 해도 살 수 있을 지 없을지 걱정하던 사람들이었다. 하지만 지금은 항공사의 안내를 듣고 화를 내고 있었다. 이럴 때는 문제를 볼 게 아니라 해결책을 찾 아야 한다. 나는 비행기가 착륙하고 항공사가 승객들에게 안 좋은 소 식을 전했을 때 내게 해당되는 이야기가 아니란 걸 알았다. 나는 시 카고에 있는 내 모습, 내일 아침 강연을 하는 내 모습과 많은 사람이 모여 내 이야기를 듣는 장면을 떠올렸다. 시카고에 갈 수 없을 거라 고 지레 생각하고 행동하는 다른 승객과 달리 나는 내일 시카고에 있 을 거라는 걸 알고 있었다. 승객들은 화내고 짜증 내며 항공사 직원 에게 소리를 질렀다. 딱 봐도 혈압이 치솟을 것 같은 행동을 했지만 정작 실제로는 아무 일도 하지 않았다.

반면에 나는 비행기에서 내리자마자 포트로더데일에 있는 비서에 게 전화를 걸어 말했다. "시카고로 가는 비행기 좌석을 예약해줘요. 가격이 비싸거나 불편한 좌석이라도 상관없으니 자리만 확보하면 됩니다." 15분 뒤 비서에게 다시 전화하자 다른 항공사에서 출발하는 비행기의 좌석을 예약했다고 했다. 알고 보니 비서가 전화하기 직전에 누군가 예약을 취소했고 그 자리를 내가 얻을 수 있었던 것이다. 192명의 승객 가운데 그날 시카고에 갈 수 있었던 건 나뿐이었다. 내가 다른 사람보다 낫거나 똑똑한 사람이라서가 아니었다. 나는 다만 문제가 아닌 해결책을 찾으려고 했다. 에고가 시키는 대로 화내고 나만 옳다는 행동으로 에고의 희생자가 되는 걸 거부했기 때문이다.

뭔가를 하는 모습을 머릿속으로 그리면 정말 그 모습대로 행동하게 된다. 시각화는 세상에서 가장 믿을 수 없는 일도 일어나게 할 수 있다.

지금 시작하는 게 가장 쉽다

———✦———

원하는 바를 마음속에 그리고 그 모습대로 행동하면 실제로 그렇게 된다. 마음속 이미지는 생각에 불과하지만 우리는 생각하는 대로 된다는 걸 알고 있다. 마음속 이미지가 행동의 바탕이 되기 시작하고 스스로 그 모습을 이미 이룬 것처럼 자신을 대한다.

이런 식으로 생각해보자. 내년 한 해 동안 매일 테니스장에서 포핸드 1,000개와 서브 1,000개씩 연습하면 테니스공으로 서브 넣는 방법과 포핸드 치는 법을 제대로 알게 된다. 물론 그렇다고 해서 세레나 윌리엄스나 로저 페더러처럼 되지는 않겠지만 매일 1,000번씩 포핸드와 서브를 365일 연습하면 분명 공을 잘 치게 된다. 이는 100만 번의 3분의 1에 해당하는 횟수로 확실한 성과를 얻을 수 있는 상당한 연습량이다.

그렇다면 시각화를 이렇게 연습하는 건 어떨까? 1년 동안 매일 하루에 1,000번씩 생각을 연습하면 생각 속의 이미지가 내가 되고 내가 그 이미지가 된다. 연습을 통해 내면에 그 이미지가 쌓이기 때문에 시각화는 효과적인 방법이다.

13킬로그램 정도 살을 빼고 싶다고, 심박수를 낮추고 싶다고, 담배를 끊고 싶다고 해보자. 다른 건 아무것도 하지 않고 다음과 같은 자신의 모습을 하루에 1,000번씩 떠올린다. 나는 독을 멀리한다. 나는 건강하다. 나는 낫고 있다. 나는 아프지 않다. 내가 원하는 내 모습을 마음속에 그리거나 종이에 그려도 좋다. 하루에 셀 수 없을 정도로 어디서나 그 이미지를 그리면 다음과 같은 이야기가 내면화되기 시작한다. '나는 이런 식으로 보여. 이게 내가 나를 보는 방식이야. 나는 다른 식으로 하지는 않을 거야. 그냥 이렇게 보이는 내 모습을 보고 있어. 건강한 모습의 나를 보고 있어.'

담배를 끊거나 살을 빼거나 하는 일은 생각하지 않는다. 그런 표현 자체가 부정적이기 때문이다. 뭔가를 위해 싸울 때마다 자연의 섭리를 어기는 짓이라는 걸 알아야 한다. 싸우고 나면 항상 전보다 약해진다. 항상 그렇다. 뭔가를 두고 싸우는 일이야말로 가장 확실하게 실패하는 방법이다. 마약과의 '전쟁'이 효과가 없는 이유다. 전쟁은 본질적으로 승자와 패자를 전제하기 때문이다.

다만 생각이 부정적인 쪽으로 흐르지 못하도록 생각을 바꿀 수는 있다. 반대하는 쪽이 아니라 찬성하는 쪽을 떠올리는 것이다. 자, 마약을 비롯해 사람들이 손대는 온갖 끔찍한 것에 반대하는 대신 좋은 일을 하도록 권하면 어떨까? 원하는 만큼, 가능한 한 크게 깨어 있을 수 있는 마음과 의식을 지니는 일 말이다. 마약과의 전쟁을 벌이는 것보다 이편이 훨씬 효과적이다.

싸우면 싸울수록 자신이 일이 아닌 사람임을 의식하기가 어려워진다. 우리는 존재 자체로 사람이다. 초콜릿을 너무 많이 먹는 걸 그만두고 싶다고 해보자. 마음속에서 자신이 단 음식을 쉽게 거부하는 모습을 그린다. 초콜릿을 거부하는 게 얼마나 힘든 일인지, 초콜릿을 먹고 싶은 마음과 싸우면서 얼마나 초콜릿을 떠올려야 하는지는 생각하지 않는다. 현실적으로 생각해볼 때 어느 쪽이 더 쉬울까? 초콜릿을 먹는 게 쉬울까, 먹지 않는 게 쉬울까? 초콜릿을 먹으려면 어떤 일을 해야 하는지 생각해보자. 일단 슈퍼마켓에 가야 한다. 초콜릿을 사고 돈을 내야 한다. 집으로 가져와야 한다. 포장 껍질을 벗겨야 한다. 입에 넣어야 한다. 씹어야 한다. 반면에 초콜릿을 안 먹기로 하면 그냥 안 먹으면 된다. 그뿐이다. 따라서 초콜릿을 먹는 것보다 먹지 않는 게 훨씬 쉬운 일이다. 그렇지 않을까?

테니스 경기 능력을 높이고 싶다면 이렇게 해볼 수 있다. 경기가 힘들 거라고 되뇌지 않는다. 원하는 자신의 모습을 머릿속에 그리고 코트에 나가 포핸드는 칠 수 있을 만큼 충분히 연습한다. 더 생각할 것도 없다. 나는 테니스 라켓으로 무엇을 할지 생각해본 적이 없다. 만일 그런 생각을 했다면 이런 식이었을 것이다. '어디를 잡아야 하지? 어떻게 뒤로 공을 치지? 발을 내디뎌야 할까?' 쉽게 3세트는 졌을 것이다. 하지만 나는 아무런 생각 없이 테니스 경기에 임하는 연습을 충분히 했다. 그래서 즉각 자동적으로 공을 친다. 이제 코트에 나가 누군가 서브를 넣으면 나는 포핸드로 받아친다. 누군가 백핸드로 공을 보내면 나는 한 걸음 나가 공을 되받아친다. 이런 동작을 하는데 생각은 하지 않는다. 머릿속 이미지에 나타난 내 모습을 보며 배운 것이다.

뛰어난 골프 선수들도 모두 이런 훈련을 한다. 잭 니클라우스도 종종 이런 이미지 훈련법에 관해 이야기했다. 마음속에 그리는 대로 공이 날아가는 걸 보고 자신이 스윙하는 모습을 본다. 그리고 그 이미지대로 반복해서 연습한다. 얼마 지나지 않아 그런 모습이 자동으로 나온다. 마음속에 그리고 나서 그냥 하면 된다.

만일 내가 "당신은 결심이 굳은 사람입니까?"라고 물으면 아마 당신은 전에 마주했던 어려운 일을 떠올리며 이렇게 말할 것이다. "네, 최선을 다했었죠. 정말 열심히 일했어요. 몹시 노력했지만 잘 되진 않았어요. 제 길이 아니었어요. 하늘이 제게 허락하지 않는 일이었던 것 같아요."

사람들은 대부분 딱 한 번 시도하면서 자신이 끈질긴 사람이라고 믿는다. 그리고 이렇게 말한다. "네, 최선을 다했어요." 과연 며칠 동안이나 그랬을까? "아, 오늘 아침에만 시도해봤어요. 하지만 최선을 다했어요." 한 번의 시도로는 투지가 있는 사람인지 알기 어렵고 시각화의 효과가 있는지 증명할 수도 없다. 시각화를 시도하거나 연습할 때는 반복이 필요하다. 그리고 무슨 일이 있어도 마음속 이미지를 실현하겠다고 마음먹어야 한다.

사실 시각화 과정에서 가장 중요한 건 무슨 일이 있어도 이미지를 실현하겠다는 의지다. 이미지를 실현하기 위해 움직여야 한다면 움직이고, 인간관계를 정리해야 한다면 그렇게 해야 한다. 10년 동안 하루에 18시간씩 일해야 한다면 위대한 일에는 시간관념이 없다는 사실을 마음에 새기고 열심히 파고들어야 한다. 스스로 생각한 이미지에 따라 기꺼이 움직여야 한다. 중요한 건 그냥 끈질긴 게 아니라 매분, 매 순간 무슨 일이든 필요하다면 해야 한다는 점이다. 그럴 의지가 있다면 마음속에 그린 이미지를 현실로 만들 수 있다. 실제로 이런 일이 일어나는 걸 나도 몇 번이나 반복해서 경험했다.

지금까지 만난 사람들을 떠올려보면 원하는 바를 얻지 못했거나 바라는 수준의 인생을 살지 못하는 사람은 대부분 필요한 일을 기꺼이 하지 않았다. 멀리까지 가려고만 할 뿐 노력하기를 포기하고 이렇게 말했다. "아니에요. 이건 못하겠어요. 제가 이 일을 그만두길 바라세요? 저는 평생 여기 있었어요. 제가 학교로 돌아가 공부를 다시 하고 경력을 바꾸기를 바라세요?" "제가 12킬로미터씩 달리길 바라세요?" "제가 초콜릿을 그만 먹길 바라세요?" "저보고 이걸 매일 하라는 말씀이세요?" 다시 한번 말하지만 이는 얼마나 기꺼이 할 수 있는지의 문제다. 마음속에 그린 그림을 현실에서 이루기 위해 무엇이든 하겠다는 의지가 있으면 방법은 수도 없이 많으며 얼마든지 실현할 수 있다.

원하는 것은 이미 모두 갖고 있다

옛날에 어느 남자가 현자를 찾아가 부와 행복 등 인생에서 얻고 싶은 것을 전부 말했다. 그러자 현자가 말했다.

"내가 너를 위해 주겠노라."

현자는 남자에게 컵을 주었다. 하지만 컵 안에는 아무것도 들어 있지 않았다. 현자는 말했다.

"네가 말한 모든 걸 이루는 데 필요한 건 이미 네게 다 있다. 네가 이미 그 전부이니라."

현자의 말을 곰곰이 생각해보자. 원하는 것, 마음속에 그리는 것은 이미 여기 이 세상에 있다. 그게 무엇이든 자신이 지금 가진 건 자기 손으로 만든 것이라는 점을 안다면 지금 이뤄내고 싶은 것도 전적으로 자기 손에 달렸다는 걸 알아야 한다. 모든 것은 생각을 통해 이뤄진다.

그리고 결정적으로 중요한 사실은, 우리가 원하는 모든 건 이미 여기 이 세상에 있다는 점이다. 우리가 원하는 모든 부와 물질은 이미 있다. 그냥 거기에 주의를 집중하면 된다. 그러면 내가 원하는 것들은 나를 지나쳐 갈 수 없다. 모든 것은 그렇게 움직인다.

500만 권의 책을 팔고 싶다고 해보자. 어떻게 해야 할까? 500만 명이 책을 한 권씩 사거나 100만 명이 책을 다섯 권씩 사거나 어쨌든 책을 살 사람이 있어야 한다. 그리고 그 사람들은 이미 여기 이 세상에 있다. 다시 말해 우리가 원하는 부를 창출할 에너지가 이미 여기 이 세상에 있는 것이다. 우리가 아직 그 에너지에 집중하지 못했을 뿐이다.

부자가 되고 싶은가? 그 부는 다른 차원을 통해 나타나는 게 아니며 여기 이 세상에 있다. 다시 한번 강조하지만 우리가 원하거나 필요한 건 이미 여기 이 세상에 다 있다. 이 사실을 알고 그에 따라 살아야 한다. 그러나 여기에 없는 다른 뭔가가 있어야 한다고 생각하면 가지지 못한 것을 불평하며 다른 곳을 찾을 수밖에 없다. 현자를 찾아간 남자도 나중에 깨달았지만 우리가 이미 전부라는 걸 알아야 한다.

그저 단순하게 부유한 모습을 그리면 짠 하고 부자가 되는 게 아니다. 부자가 되는 모습을 그릴 때는 두 가지가 함께해야 한다. 첫째, 부자가 된 자신을 그릴 때 세상의 부족함이 아닌 풍요로움을 즐기는 모습이어야 한다. 그러고 나면 인생을 살아가면서 풍요로움을 만난다. '좋아, 마음속으로 이미지를 그렸어. 이제 느긋이 앉아 세상의 풍요가 내 인생에 걸어 들어오는 걸 기다려야지.' 그냥 이렇게 말하면 안 된다. 어떤 이미지를 그렸든 항상 그에 맞춰 행동해야 한다.

새로운 이미지에 맞춰 행동을 시작하라. 행동도 풍요로움의 하나다. 다음과 같이 확언하라. '나는 내 삶에 필요한 자원을 가질 수 있어. 신의 완벽함에는 실수가 없어. 나도 완벽한 신의 일부야. 나는 다른 인류와 구별되는 사람이 아니야. 나는 전 인류의 일부야. 신의 뜻이 무엇이든 그건 내 안에도 있어. 나는 더 많은 자원을 요구할 자격이 있는 사람이고, 자원을 받을 만큼 중요한 사람이야.' 이런 생각을 하면 우리의 풍요로움에 관한 이미지도 늘어난다.

긍정적이고 풍요롭고 부유한 모습을 그리고 그에 맞춰 행동하기 시작하면 머지않아 행동이 자연스레 이어진다. 다시 한번 말하지만 우리가 그리는 건 이미 여기 이 세상에 있다. 화성이나 다른 어딘가에서 나타나는 게 아니다. 여기 이 세상에 있는 게 아니라면 마음속에 그릴 수도 없었을 것이다. 실행 불가능한 뭔가를 하고 싶다고 어떻게 마음속에 그릴 수 있을까? 해왕성에 가본 적도 없고, 해왕성에 관해 거의 아는 게 없는데 그곳에 사는 자신의 모습을 어떻게 그릴 수 있을까? 자신의 모습을 기체나 증기 상태로 그리지는 않을 것이다. 그렇기는 하지만 여기 지구라는 행성 위에서 실현할 수 있는 일이라면 스스로 한계를 짓지는 말아야 한다.

언젠가 아주 흥미로운 연구 결과를 읽은 적이 있다. 실직자들에게 취업한 자신의 모습을 마음속으로 그려보라고 한 연구였다. 한 참가자는 실직 전 연봉이 2,500만 원이었고 다른 참가자는 5,000만 원이었다. 또 다른 참가자는 실직 전 회사의 임원으로 일했고 연봉이 2억 5,000만 원이었다. 세 명 모두에게 다음과 같은 시각화 기법을 알려주었다. "취업한 자신의 모습을 상상해보세요. 여러분은 다시 일하고 있습니다. 그러고 나서 상상 속 모습을 바탕으로 행동하세요." 각자 지시에 따라 자신이 다시 일하는 모습을 그리고 그 이미지에 맞춰 행동하기 시작했다.

3개월이 지난 후 세 사람은 다시 취업에 성공했다. 연봉 2,500만 원을 받던 사람은 다시 연봉 2,500만 원을 받는 일자리를 얻었다. 5,000만 원의 연봉을 받던 사람도 같은 급여를 받는 자리에 취업했다. 임원 출신의 참가자는 다시 연봉 2억 5,000만 원을 받게 되었다. 특별한 교육이나 능력이 부족해서 이들이 더 높은 연봉을 받는 일자리를 얻지 못한 게 아니었다. 이들은 스스로 마음속에 그린 모습과 같은 일자리를 얻었다. 머릿속으로 상상한 모습이 바로 그런 자리였던 것이다.

일자리는 다른 행성에서 나타나는 게 아니다. 일자리는 이미 이 세상에 있으므로 여기에 집중해 나와 이어지게 해야 한다. 점원으로 일하는 자신의 모습을 그리며 할 수 있는 일은 이게 전부라고, 이 이상의 일은 못 하겠다고 말하면 그 이미지에 맞는 일자리를 찾는다. 생각하지 않으면 일자리를 얻지 못한다. 일자리는 생각이다. 매일 아침 일어나 생각하라. 그러고 나서 몸을 가다듬고 일을 시작하라.

연봉 5,000만 원을 받는 사람은 영업을 하는 사람이었는데 스스로 그 정도의 연봉을 받는 모습을 그렸고, 그래서 그에 맞는 일자리를 얻었다. 그가 그린 미래상에는 풍요로움이 없었고 부족함이 많았다. 그건 자기 자신에게 이렇게 말하는 것과 같다. '내 경력이나 교육 내용 등을 고려했을 때 내가 납득할 수 있는 연봉은 여기까지야.' 임원 출신의 구직자는 다른 임원 자리에 취업했고 그도 예전 직장의 연봉 수준에 따른 연봉을 받았다. 참가자 모두가 전에 받았던 연봉 수준에 머물렀다.

이런 예를 보면 누구도 "그래, 이런 높은 의식과 변화에 관한 이야기는 너무 멋져. 아주 흥미롭고 좋아. 시간이 나면 그때 들여다봐야지."라고 말할 수 없다. 그런 사람은 작가 제임스 알렌James Allen이 말했던 다음과 같은 메시지를 놓치는 것이다. "환경이 사람을 만드는 게 아니다. 그의 모습을 드러내는 것이다."

생각을 놓지 마라, 결국 현실이 된다

———✦———

많은 사람이 인생을 되돌아본다. 이는 에고가 부추기는 일이다. 에고는 우리가 내면을 들여다보고 현재를 살라고 말하는 높은 자아와 만나기를 원하지 않는다. 그러나 에고의 부추김에 이끌려 과거에 집착하는 일은 그만두고 현재로 눈을 돌려 우리의 인생이 진정으로 자유롭게 나아갈 방법을 생각해야 한다.

그러기 위해 다음의 질문을 던져보자. 나는 인생에서 무엇을 늘리고 싶은가? 예를 들어 긍정적인 일을 늘리고 싶다면 긍정적인 생각을 가능한 한 많이 하라. 긍정적인 생각을 바탕으로 행동하게 되고 실제로 인생에서 긍정적인 일이 늘어날 것이다.

한번은 텔레비전에서 프로농구팀 디트로이트 피스톤스의 스타 선수였던 아이제이아 토마스의 어머니 메리 토마스의 이야기를 들었다. 방송 중에 그녀는 이렇게 말했다. "저는 가난하지 않아요. 파산

한 적도 있고 돈 없이 지낸 적도 있지만 가난하지 않아요. 과거에도 가난하지 않았고 앞으로도 절대 가난하지 않을 거예요." 내가 말하는 의식이 바로 이런 것이다. 인생에서 가지지 못한 것 대신 늘리고 싶은 것에 초점을 맞추면 그 부분이 실제로 늘어난다.

몇 년 전 라디오 프로그램을 진행했을 때 한 청취자의 전화를 받았다. 의사인 그는 자메이카의 아주 가난한 마을에서 14명의 아이들과 함께 자랐다. 그의 할머니는 그에게 항상 이렇게 말했다고 한다. "그 무엇보다 네 마음이 가장 강하단다." 그는 내가 방송에서 이야기한 내용을 입증하기 위해 전화를 건 것이었다. 당시 몇몇 사람이 "그렇게 가난한 상황에 놓인 사람들에게 어떻게 그런 이야기를 할 수 있습니까? 도대체 동정심이라고는 없는 겁니까?"라며 거부감을 드러냈고, 나는 그들에게 대답했다. "제가 말씀드리는 내용의 초점은, 제가 하는 이야기에 가장 귀 기울여야 할 사람이 바로 이런 사람들이라는 겁니다. 자신이 원하는 것에 집중하고 거기서 절대 마음을 떼지 않으면 그에 맞춰 행동하게 되고 마침내 그런 환경에서 벗어나게 됩니다."

라디오 방송에 전화를 건 그 의사는 자신의 이야기를 들려주었다. 어릴 때부터 의사가 되고 싶었지만 자메이카의 작은 마을에서 자란 가난한 소년이 의사가 되겠다는 생각을 모든 사람이 비웃었다는 이야기였다. "그런데 할머니는 항상 말씀하셨어요. '의사가 되겠다는 생각을 절대 버리지 말아라. 절대로 버려서는 안 돼. 무슨 일이 있어도 그 생각을 마음속에 품고 있어라.' 저는 할머니 말씀대로 의사가 되겠다는 생각을 한 번도 놓지 않았어요. 항상 생각했죠. 생각하면 할수록 점점 그에 맞춰 행동하게 되었습니다. 하나만 하던 일을 두 개하게 됐고 나중엔 세 가지 일을 했습니다. 그리고 의학 서적을 구해 열심히 공부했어요. 번 돈은 전부 모았고 장학금을 신청했습니다."

그는 모든 행동이 생각이라는 선조들의 가르침을 증명했다. 그의 모든 행동은 의사가 되겠다는 한 가지 생각에서 나왔다. 라디오 방송에 전화했던 당시 그는 워싱턴D.C.에 있는 큰 병원의 유명한 심장외과 전문의였다. 그는 성공했을 뿐 아니라 꿈의 직업을 이뤘기에 믿을 수 없을 정도로 행복했다. 이 모든 일이 가능했던 건 의사가 되겠다는 생각을 버리지 않았기 때문이다.

그러니 당신도 인생에서 늘리고 싶은 게 있다면 그 생각에 집중해서 머릿속으로 이미지를 그리고, 이를 실현하는 데 필요한 일은 무엇이든 기꺼이 하라. 그러면 내가 가장 좋아하는 작가 헨리 데이비드 소로Henry David Thoreau의 말처럼 된다. 그의 이 말은 내 평생을 이끄는 힘이기도 하다.

'꿈을 향해 자신 있게 나아가며 꿈꾸는 인생을 살려고 노력하면 나도 모르는 사이에 성공을 마주한다.'

제10장

가만히 들여다보고
바라는 대로 선택할 것

위대한 정신적 지도자라면 누구나 사람들에게 명상을 권유했던 게 우연은 아니다. 정신적으로 높은 경지에 이른 사람은 대부분 정기적으로 명상을 한다. 하지만 나는 누구에게나 명상을 권하고 싶다. 자신은 명상이 맞지 않는다고 생각하는 사람이 있을 수 있다. 이런 사람들은 명상이 극동 지방에서 만날 수 있는, 몸에 천을 두른 현자들이나 하는 일이라고 생각한다. 그렇게 생각한다면 생각을 바꾸길 바란다. 명상은 우리에게 또 다른 세계가 있다는 걸 알려주는 방법이다. 여기서 또 다른 세계란 마음의 세계를 뜻한다.

마음의 세계에 들어가면 자신에 관해 많은 것을 알게 된다. 항상

하는 생각을 의식하게 되고 우리가 얼마나 '재난을 초래하는지', 즉 우리의 마음을 가득 채운 생각이 얼마나 불필요하고 어리석은지, 얼마나 바보 같고 파괴적인지 알게 된다.

인식을 높이는 비결 가운데 하나였던 '내면의 대화를 차단하라'를 떠올려보자. 우리는 열린 마음, 깨끗한 마음, 차분한 마음을 원하는 것이지, 수천 가지 생각이 광란을 벌이는 시끄러운 마음을 가지려는 게 아니다. 명상을 하면 마음을 가라앉히고 높은 자아의 이야기에 귀 기울일 수 있다.

누구나 마음을 단련할 수 있다

사람들은 대체로 무슨 생각을 떠올리든 어쩔 수 없다고 믿는다. 생각이 떠오른다. 그러면 생각은 그냥 거기에 있는 것이다. 나는 이런 주장을 '불쑥 나타나는 생각 이론'이라 부른다. 가령 걸어가고 있는데 갑자기 생각이 떠오른다. '와, 뭐지? 오, 생각이 막 떠오르네. 어떻게 된 일인지 모르겠어. 난 행복했는데 이제는 정말 불행한 일을 생각하고 있어. 불행한 생각이 사라지길 기다려야 될 것 같아.' 그렇지만 우리가 떠올리는 모든 생각은 우리의 것이라는 걸 기억하라. 우리가 그 생각을 만들었다. 우리는 우리의 생각을 만든 사람이며 그렇다는 건 우리의 삶을 만드는 사람이라는 뜻이다. 우리는 우리의 마음을 단련할 수 있다.

우리는 온갖 분야에서 훈련받느라 많은 에너지를 쓴다. 직업뿐 아니라 여러 가지 일을 하는 방법을 스스로 배우거나 남에게 가르치며, 골프나 수영, 테니스, 보드게임을 잘하고 싶어서 배우고 연습한다. 무엇이든 능숙해지려면 연습하고 훈련해야 한다는 걸 안다. 그런데 우리는 우리의 99퍼센트를 차지하는 마음을 무시한다. 마음을 완전히 무시하다 보니 마음을 단련하는 훈련법도 없는 듯하다. 하지만 당연히 마음을 단련하는 훈련법이 있고 누구나 배울 수 있다.

수년 전 베를린에 있는 한 대학에서 한 학기 동안 마음을 단련하는 법을 강의했다. 그 수업에서는 기억을 보존해서 마음을 단련하는 아주 효과적인 기법을 가르쳤다. 강의 첫날 수업을 시작할 때 나는 한 학생에게 자기소개를 하게 했다. 그런 다음 두 번째 학생에게는 앞서 자기소개를 했던 학생의 이름을 소개하고 나서 자기소개를 하게 했다. 세 번째 학생은 앞서 소개한 두 학생의 이름을 소개한 뒤 자기소개를 했다.

그렇게 거의 모든 학생이 자기소개를 했다. 마지막 70번째 학생에 이르렀고 그 학생의 소개가 끝난 뒤, 내가 모든 학생의 이름을 다시 불렀다. 아주 간단한 방법이지만 나는 정신을 집중해서 한 시간 반 만에 70명의 이름을 외우게 되었다.

그 수업에서는 신경 행동을 구분하는 방법을 가르쳤는데, 나는 학생들에게 마음을 단련하면 불가능하다고 생각했던 일도 얼마든지 할 수 있다는 걸 알려주고 싶었다. 이름을 기억하는 연습은 학생들에게 어떤 일이 가능한지 보여주는 아주 간단하지만 효과적인 방법이었다. 2~3주가 지나자 반 전체 학생의 80~90퍼센트가 다른 학생들의 이름을 전부 기억했다. 4~5주가 지나자 모든 학생이 모든 학생의 이름을 알았다. 학생들은 모두 스스로 훈련한 것이었다.

새로운 사람을 소개받자마자 "그런데 성함을 다시 한번 말씀해주시겠어요?"라고 말하는 사람이 많다는 게 재미있다. 1분 동안 한 사람의 이름도 기억하지 못한 것이다. 기억력이 나빠서 그렇다고 생각하지만 사실은 마음을 훈련하지 않았기 때문이다. 마음을 훈련하는 완벽한 방법이 바로 명상이다.

기억력을 높이는 방법을 배우면 여러 상황에서 아주 유용하게 쓸 수 있다. 그런데 그전에 걱정과 불안을 비롯해 스트레스를 주는 요인들로부터 마음이 자유로워지는 방법을 배우면 훨씬 더 강력한 효과를 얻을 수 있다. 그러려면 마음을 집중해서 우리의 의식을 방해하는 생각을 하지 않는 연습을 해야 한다. 그렇게 뇌를 단련하다 보면 기적을 만날 수 있다.

지금 이 순간으로 돌아오기

————◆————

마음속에 해야 할 일을 10가지나 담고 있는 사람은 불안과 스트레스가 이만저만이 아닐 것이다. 대체 어떻게 텅 빈, 고요한 마음이 될 수 있을까? 우리는 마음속으로 생각한다. '지금 일하러 가야 해. 이 보고서를 써야 해. 세금 신고도 해야 하는데. 집에 오는 길에는 기저귀도 사야겠다. 애들한테 바나나도 사줘야지. 애들 댄스 수업에도 데려다줘야지.'

그런 마음속에 들어가서 주위를 둘러보면 끈적끈적해서 떨어지지 않는 생각들로 가득하다. 곧 이렇게 해야 할 일 목록으로 마음을 가득 채우는 건 불필요한 일임을 깨닫는다. 할 일을 잘 챙기는 사람이라면 얼마나 걱정하는지와 상관없이 할 일은 한다. 여기서 던지는 질문은 이것이다. 당신은 현재 이 순간을 어떻게 사용하고 있는가? 불안한 생각을 떠올릴 때마다 이는 지금 이 순간을 거부하는 것임을 알고 있는가?

그러나 당신은 지금 이 순간을 생산적으로 침착하게 보내는 대신 불안해한다. 사실 모든 일은 다 처리될 것이다. 세금도 낼 것이다. 당신은 세금을 내지 않는 그런 사람이 아니다. 보고서도 쓸 것이다. 기저귀도 사고 모든 일을 다 처리할 것이다. 그렇지 않았다면 당신은 지금 있는 자리에 있을 수 없으며 아마 다른 일을 하고 있을 것이다.

해야 할 일은 결국 다 하게 된다면 가장 효율적으로, 효과적이고 문제없이 해내는 방법은 무엇일까? 당연히 급하게 하지 않는 것이다. 급하게 일을 처리하는 건 가장 효과적이지 못한 방법이다. 급하게 일을 처리하려 하면 불안하고 짜증이 나면서 뭔가를 잊어버리기 일쑤다. 차 안에 열쇠를 두고 문을 잠그기도 한다.

샤워할 시간이 5분밖에 없다고 해보자. 씻느라 서두르면 몸을 말리자마자 금방 다시 땀이 난다. 벌써 다시 땀이 나니 귀찮게 샤워할 필요도 없었다는 생각이 든다. 하지만 똑같은 5분을 완전히 다르게, 여유롭게 쓸 수 있다. 모든 걸 잊고 그냥 느긋해지자. 5분 동안 서두르는 대신 물을 느낀다. 몸을 씻는다. 물기를 깨끗이 말린다. 그렇게 샤워를 마치고 나면 땀이 나지 않는다. 똑같은 시간 동안 몸을 씻었는데 말이다.

물질세계에서는 급하게 서두르면 활동을 완수하기 바빠 효율성이 떨어진다. 정신세계에서도 마찬가지다. 해야 할 일로 머릿속이 꽉 차면 걱정하느라 정신이 소모되고 그렇게 생각으로 꽉 찬 마음은 효율적으로 작동하지 않는다.

만일 그런 순간에 차에 타고 있다면 어떨까? 우리는 운전하면서 동시에 바나나와 기저귀를 사고 보고서를 쓰면서 연말정산을 할 수 없다. 우리가 할 수 있는 건 심호흡을 하고 현재에 집중하는 일이다. 음악을 틀고 마음을 가라앉혀라. 운전하고 있으니 당연히 눈을 감을 수는 없지만 부정적인 생각을 전부 몰아내라. 그리고 스스로 이렇게 말해본다. '나는 드라이브를 즐길 거야.'

내가 평상시에 통근하는 길의 거리는 27킬로미터 정도다. 나는 이 길이 참 좋다. 볼거리도 많은데 하나하나 다 살펴본다. 창문을 열고 잔잔한 바람을 느낀다. 지금 이 순간을 즐길 수 있다. 그렇게 일터에 도착해서 보고서를 써야 한다면 보고서를 쓸 준비를 완전히 갖춘다. 세금 신고나 바나나 등 딴생각을 하면서 보고서를 쓰지는 않는다. 나는 지금 여기에 있다.

이것이 바로 명상이 가르쳐주는 내용이다. 조용하고 평온하고 즐겁게 현재를 사는 방법이다. 명상은 하루 15분을 들여 그 시간 동안 뭔가를 하기 위해 하는 일이 아니다. 명상은 우리가 하는 모든 일로 이어진다. 마음이 평온할수록 더욱 효율적으로 지낼 수 있다. 서두를수록 항상 어딘가로 더 빨리 가려 하고 사고가 날 확률도 커진다. 엉망진창인 상태로 도착할 가능성이 크며 심박수가 증가하거나 배가 아플 때도 있다. 그 어떤 상황도 도움이 되지 않는다.

우리는 명상을 통해 원하는 대로 마음을 사용할 능력이 있다는 걸 배운다. 명상을 하면 세 살 난 아기처럼 울어대거나 짜증을 부리지 않아도 된다는 사실을 갑자기 깨닫는다. 우리는 그런 식으로 일을 처리할 필요가 없다.

원하는 대로 마음을 사용하는 법

———◆———

어느 날 테니스 경기를 하는데 평소 실력이 거의 나오지 않았다. 그때 나는 매일 명상을 하고 있었는데 바로 거기서 테니스를 명상과 같이 생각하기로 마음먹었다. 승부의 결과는 잊고 점수도 잊고 내가 지금 이 몸을 벗어날 수 있는지만 보기로 했다. 아니, 내 몸이 움직이는 방식에서 벗어나기로 했다. 그리고 몸이 아는 방법대로 테니스공을 쳤다.

나는 바로 그곳, 테니스 코트에서 명상을 시작했다. 내면이 정말 고요해졌고 몸이 매우 가벼워지는 걸 느끼며 어떤 방해 요소도 알아차리지 못하는 상태가 되었다. 다음 45분 동안 나는 테니스에 완전히 집중했고 그 시간 동안 내가 이뤄낸 일은 정말 믿을 수 없었다. 내 몸은 실수를 저지르지 않았다. 나는 느긋하고 편안했지만 에너지로 가득한 느낌이었다. 강연을 하기 전에도 나는 이렇게 명상을 한다. 그렇게 강연이 끝나고 아주 행복하고 만족스러워하는 청중을 보는 건 정말 감동적인 경험이다.

그 경기가 끝나고 얼마 후 나는 누군가와 불편한 대화를 나눠야 할 일이 생겼다. 그를 만나러 가는 길에 명상을 했다. 그랬더니 대화가 잘 흘러갔고 좋은 방향으로 마무리되었다. 나는 그 사람에게 말하려는 내용이 나쁜 아니라 그에게도 도움이 된다는 걸 깨달았다. 결과에 집착하지 않았기에 대화가 잘 진행되었다. 그저 흘러가도록 두었을 뿐이었다.

나는 명상을 통해 평온함과 고요함 그리고 에너지를 얻었다. 명상하는 과정에서 내 삶의 목적은 사람을 사랑하고 돕고 베푸는 것임을 알았다. 그래서 내 모든 행동과 생각을 그 기준에서 평가해야 했다. 나는 사람을 사랑하고 돕고 베풀고 있을까? 사실 모든 사람이 베풀기 위해 이 세상에 태어났다고 믿는다. 얻기 위해 태어난 게 아니다. 명상을 하면 서로 돕고 조화를 이루기 위해 여기에 있다는 걸 알게 되며 내면의 신성한 에너지를 사용하게 된다.

하루 15분이라는 짧은 시간에 조화로움이 가득한 장소로 갈 수 있다. 조화를 추구하지 않는 사람이라면 누구도 우리의 의식 속에 들어오지 못하게 할 수도 있다. 그건 마치 이렇게 약속하는 것과 같다. '부조화, 불협화음, 분노, 스트레스, 긴장감을 지닌 사람은 내 육체밖에 마주할 수 없을 거야. 사랑과 조화, 고요함, 평온함을 품은 사람이 아니라면 진짜 내가 누구인지 알지 못할 거야. 그 사람이 거기까지 갈 수 없는 건 내가 갈등과 대립으로 영혼을 채우는 걸 넘어선 사람이기 때문이야. 그런 건 필요 없어. 나는 그런 단계를 지났어. 갈등 상황에 대처할 수 있다는 것도 더는 증명할 필요가 없어. 이미 지나간 일이야.'

이 이야기를 하니 마이애미에서 샌프란시스코로 가기 위해 비행기를 탔던 일이 생각난다. 비행기가 이륙하기 위해 막 활주로를 달리기 시작했을 때 갑자기 기장이 비행기가 이륙하지 않을 거라는 안내방송을 했다. 비행기 보조날개 등을 조절하는 데 사용되는 안정판이 제대로 작동하지 않았기 때문이다. 승객들은 모두 탑승 게이트로 돌아가야 했다. 비행기가 수리될 때까지 몇 시간 동안 이륙이 지연될 예정이었다.

나는 적어도 다섯 시간 안에는 샌프란시스코에 도착할 수 없겠다는 생각이 들었다. 생각해보면 우리의 선조들은 9월에 마이애미를 떠나 3월에 샌프란시스코에 도착하면 제시간에 도착했다고 여겼다. 여행을 떠난 사람의 반이 살아 있으면 괜찮은 여행이었다. 그러니 세 시간쯤 더 걸린다고 해도 괜찮다. 내가 탄 비행기의 안정판 혹은 다른 어떤 부품이라도 제대로 작동하지 않는다면 나는 다시 탑승 게이트로 돌아갈 것이다. 그런 일로 화를 내고 싶지는 않다. 그냥 일이 흘러가는 대로 몸을 맡기고 있으면 된다.

기장의 안내방송이 나왔을 때 나는 승무원과 이야기를 나누고 있었다. 승무원이 내게 말했다.

"오, 이건 제가 두려워하던 일이에요."

"뭐가 문제인데요?"

"승객들 좀 보세요. 비행기에서 내릴 때 모두 제게 뭐라고 할 거예요. 항공사를 탓하고 저를 탓하겠죠."

내가 대답했다.

"그 말을 받아들일 필요는 없어요."

"그게 무슨 말씀이세요?"

"음, 불화를 일으키려고 다가오는 사람으로부터 자신을 보호할 수 있는 포장이 두 개 있어요. 하나는 유니폼이죠. 유니폼으로 자신을 보호할 수 있어요. 유니폼은 또 다른 포장을 덮고 있어요. 유니폼 아래에 있는 포장은 당신의 몸이에요. 그 두 개의 포장이 진짜 당신을 덮어 보호하고 있어요. 그렇게 생각하고 대응하면 돼요."

무슨 말인지 몰라 눈이 동그래진 승무원을 바라보며 나는 말을 이었다.

"누군가 당신에게 부정적인 이야기를 할 때마다 그 이야기가 당신을 덮고 있는 유니폼까지만 들어오게 하세요. '이건 내가 아니야.' 이렇게 떠올리셔야 해요. '저 사람은 내게 이야기하는 게 아냐. 이런 이야기로 내 존재를 마주할 수 없어. 저 사람은 그럴 수 없지. 사랑과 조화로움을 지닌 사람이 아니라면 진짜 나를 마주하게 하지 않을 거야.' 상대에게 정말 미안하다고 말하면서 속으로는 '이 사람은 진짜 나를 마주하지 못했어. 이런 이야기로는 나를 알 수 없어'라고 이야기하세요."

아니나 다를까, 얼마 안 되어 그 승무원은 출구에 서 있고 수십 명의 승객이 내리면서 불쾌한 말들을 던졌다. 그럴 때마다 승무원은 미소를 지으며 항공사의 도움을 얻으려면 어디로 가야 하는지 안내했다. 나는 뒤편에 서서 일이 어떻게 되는지 지켜봤다. 마지막 승객이 내리고 승무원이 내게 말했다.

"정말 멋졌어요. 이런 일에 마음 쓰지 않고 넘어간 건 이번이 처음이에요."

"그런 일을 인생에 끌어들일 필요가 없어요. 그런 일을 멀리할수록 의식 속에 자신이 원하는 것만 들어오게 됩니다. 저는 항상 이런 선택을 하죠. 운전할 때 누군가 제게 손가락 욕을 하면 저는 전혀 받아들이지 않아요. 대신 생각하죠. '오, 저 모습이 저 사람이구나. 저게 바로 저 사람이 내 겉모습에 반응하는 방법이야.' 반대로 사랑, 고요함, 평온함, 기쁨, 느긋함 같은 감정으로 저를 찾아오는 사람이 있으면 제 전부를 가질 수 있죠. 저도 그렇게 대하거든요. 당신이 원하는 것만 받아들이세요."

조용한 마음은 바로 이런 것을 우리에게 준다. 명상을 하면 자신이 원하는 방식과 맞지 않는 모든 것에 발목을 잡힐 필요 없이 자신이 진짜 허락하는 것만 받아들일 수 있게 된다. 실제로 그런 상황에서 차분한 마음을 가져보면 내가 지금 하는 이야기가 단지 토론하기 위한 게 아님을 알 것이다. 내 이야기는 실제 현실에 적용하기 위한 것이다.

매일 어디서나 마음 들여다보기

─────◇─────

명상하는 방법을 누군가에게서 정확하게 배워야 하는 건 아니라는 점을 기억하자. 사실 그건 목적에 어긋나는 일이다. 나는 오랫동안 명상을 해왔지만 누구도 내게 방법을 알려준 사람은 없다. 마음을 단련하는 법을 스스로 익혔지만 나는 마음속 공간에서 그리고 명상에서 깨어나 이 세상에 돌아와서도 기적을 만들어냈다.

어두운 방에서 사람들이 눈을 감고 빛을 만들어내는 건 흥미로운 모습이다. 빛을 만드는 데 눈이 꼭 필요한 건 아니다. 하지만 마음은 반드시 필요하다. 마음으로 빛 혹은 색깔, 냄새, 소리를 만들 수 있다는 게 의심스럽다면 꿈속에서는 항상 그렇게 한다는 걸 기억하자. 꿈은 순수한 생각의 상태다. 명상을 할 때도 우리의 마음은 그와 비슷한 장소로 간다.

마음을 단련하기 위해서는 먼저 자기 최면 상태로 들어가야 한다. 알파.상태 alpha state가 되는 것이다. 앞서 말한 것처럼 어떻게 알파 상태로 들어가는지 배울 필요는 없지만 내가 하는 방법을 보고 영감을 얻을 수는 있다. 나는 24초를 재는 초시계를 사용한다. 미국 프로농구리그에서 사용하는 초시계다. 시계에는 흐린 빛이 들어오고 숫자 24에서 시작해 23, 22로 줄어들어 1까지 내려온다. 24에서 1까지 내려오는 동안 마음속에 숫자가 아닌 어떤 생각이라도 떠오르면 24부터 다시 시작한다. 16이 되었을 때 '오, 내일 아침 치과 예약을 잊으면 안 돼'라는 생각이 들면 24로 다시 돌아간다.

이렇게 명상을 연습할 때는 참을성을 발휘해야 한다. 카운트다운을 할 수 있다면 어떤 시계나 타이머도 좋다. 하지만 시간을 너무 길게 잡거나 너무 짧게 잡으면 안 된다. 그러니 나처럼 24부터 시작해보자. 생각을 비우며 1까지 내려가려면 며칠이 걸리겠지만 계속한다. 중간에 끼어드는 생각 없이 24에서 1까지 갈 수 있다면 알파 상태가 된 것이다.

팔을 올렸을 때 아주 가벼운 느낌이 든다면 알파 상태에 진입했다는 걸 알 수 있다. 아니면 갑자기 머리에서 아무런 무게가 느껴지지 않을 수도 있다. 마치 몸을 벗어나기 시작한 것처럼 말이다. 그렇게 며칠 혹은 몇 주가 지나면 24초를 재는 초시계가 없이도 알파 상태로 들어갈 수 있다. 그냥 호흡만으로 알파 상태에 진입하게 된다.

알파 상태가 편안해지면 높은 자아와 의논할 주제를 꺼낼 수 있다. 인생이나 아이들로 인해 겪는 어려움, 인간관계, 가야 할 목적지, 망설이고 있는 결정 등에 관해 질문을 던질 수 있다.

명상에 진입하면 우리는 물질세계를 떠나 형체와 차원이 없는 생각의 세계로 들어간다. 그리고 나면 자신이 관찰자이며 스스로 생각하고 생각에 반응하는 모습을 지켜보고 있다는 걸 깨닫는다. 그런 상태에서 이런 질문을 던져보자. 이 문제에 관한 해결책은 무엇일까?

이 문제에서 나는 무엇을 할 수 있을까? 배우자와 왜 이렇게 힘든 시간을 보내고 있는 걸까? 직장에서 이 사람과 왜 끊임없이 부딪히는 걸까? 이 지점에서 항상 실패하는 건 나의 어떤 부분 때문일까? 그러면 높은 자아로부터, 내면의 신성한 에너지로부터 우리의 의식 속으로 답이 흘러든다.

이제 매일의 생활 속에서 명상을 적용해보자. 고객과의 회의를 앞두고 명상하면서 회의가 어떻게 진행되면 좋을지 보라. 다른 사람의 행동이나 반응은 그들의 것이므로 우리가 통제할 수 없지만 우리 자신은 통제할 수 있다. 내 마음이 얼마나 평온한지, 내가 얼마나 결과에 집착하지 않는지 보여줌으로써 상대방이 내게 반응하는 방식에 영향을 줄 수 있다. 무엇을 얻을 수 있을지보다는 어떻게 상대방을 도울 수 있을지에 집중하라. 이는 모든 인간관계에 적용할 수 있는 방법이다. 내면의 아름다움과 기쁨을 찾고 이 관계를 어떻게 이어나가고 싶은지 보라.

처음 규칙적으로 명상하는 연습을 시작했을 때 나는 사람을 만날 때마다 정말 너무 기뻐서 서 있지도 못할 지경이었다. 사람들을 보며 '아, 정말 훌륭한 사람들이지 않아?'라고 생각했다. 가족뿐 아니라 전혀 모르는 사람에게도 이런 유대감을 느꼈다. 철학자 블레즈 파스칼Blaise Pascal은 이렇게 말했다. "인류의 모든 문제는 사람이 혼자 방안에 조용히 앉아 있지 못해서 생기는 것이다." 정말 맞는 말이라고 생각한다. 명상을 하고 나면 누군가에게 상처를 주고 싶다는 생각은 절대 할 수 없다.

명상하는 방법으로 두 개의 자아를 갖는 방법도 있다. 한 자아는 생각이고 다른 하나는 육체다. 예를 들면 '이 얼간아, 그렇게 하지 말았어야지'라고 자신에게 말할 때 두 개의 자아가 등장한다. 욕을 하는 자아('이 얼간아'라고 말하는 생각)와 얼간이가 된 자아다. 얼간이는 우리의 생각에 반응하는 몸이다. 그러므로 자기를 얼간이라고 부를 때는 얼간이라는 생각과 생각에 반응하는 얼간이, 두 개의 '나'가 있다. 명상을 하면 자아 1인 생각과 자아 2인 몸이 통합되어 조화를 이룬다. 그래서 원하는 모습으로 자신을 불러내고 자신이 원하는 바에 따라 행동하는 몸을 볼 수 있다.

일단 아주 조용한 장소로 가서 눈을 감고 시작한다. 명상할 시간이 없다면 잠자리에 들기 바로 전 시간을 이용한다. 명상을 하면 전에 느껴본 적이 없을 정도로 완전히 휴식하는 기분이 들고 긴장이 이완되기 때문이다. 한 시간 동안 명상을 하고 잠자리에 들면 여덟 시간 동안 몸과 마음을 회복시키는 깊은 잠을 잘 수 있다. 이는 아주 강한 에너지를 가져온다.

명상을 연습하면 체내의 화학물질도 변한다. 사람들이 약물을 쓰면서 그토록 간절히 찾아 헤매는 황홀하고 아름답고 강렬한 기분에 도달할 수 있다. 또 청년들이 마음의 힘을 배우면 거짓 자유에 유혹

당하지 않는다. 개인적으로 명상 덕분에 나는 언제든 평화롭고 조화로운 상태일 수 있었다. 그건 정말 멋진 기분이다. 마치 신을 만난 것처럼 말이다.

마음을 바꾸면 일상이 바뀌는 기적

한 남자가 옆집에서 나는 자동차 경적 소리 때문에 괴로워하고 있었다. 그는 아내에게 이렇게 말했다.

"나한테 마법의 힘이 있다면 저 차가 여기 올 때마다 바퀴 네 개를 전부 펑크 낼 텐데. 아니면 경적에 소음기를 달아 빵빵거리는 소리가 안 나게 하든지. 마법의 힘만 있다면 그렇게 하고 싶어."

그러자 아내가 대답했다.

"아니에요. 당신한테 마법의 힘이 있다면 저런 경적 소리에는 신경 쓰지 않을 거예요."

마음을 가라앉히면 모든 외부적인 영향에 더는 반응하지 않는다. 예를 들어 뉴욕 라과디아 공항 바로 옆에서도 US오픈 테니스 선수권 대회를 관람할 수 있다. 나는 선수들이 머리 위로 날아가는 비행기 소음에 아랑곳하지 않고 경기에 집중하는 모습을 볼 때마다 놀라움을 금할 수 없다. 그런데 나 역시 테니스를 칠 때 옆에서 착암기가 돌아가고 있었지만 눈치채지 못했다. 경기 상대는 착암기 소리 때문에 힘들어했지만 나는 오롯이 테니스공에만 집중했다. 경기 혹은 집중력이 필요한 활동을 잘하는 사람은 어떻게 해야 하는지 안다.

이 이야기를 하니 몇 년 전 가족들과 하와이로 휴가 갔을 때 있었던 일이 떠오른다. 일주일 동안 나는 매일 아침 5시 반에 일어나 호텔 옆 잔디로 명상을 하러 나갔다. 어느 날 매트 위에 앉아 더없는 기쁨의 상태를 느끼고 있었다. 신성한 에너지가 척추를 타고 오르내리는 게 느껴졌고 정말 좋은 기분이었다. 그런데 갑자기 이런 소리가 들렸다. 부릉, 부릉, 부릉, 부릉, 부릉, 부릉, 부릉, 부릉, 부릉. 고개를 들어 위를 올려다보니 심술궂은 얼굴에 입에 담배를 물고 양팔은 문신으로 가득한 남자가 서 있었다. 그는 잔디를 깎고 있었다!

처음에는 '오, 안 돼'라는 생각이 들었다. 나는 자리에서 일어나 매트를 정리하고 떠나려 했다. 그때 갑자기 직관적으로 이런 생각이 들었다. '돌아가. 돌아가서 이걸 이용해봐. 이건 형이상학적 경험이야.' 에고의 목소리가 아니었다. 내면에서 들려오는 메시지였다. '뭐라고?' 하지만 다시 매트를 깔고 약 2분 만에 다시 명상 상태로 돌아갔다. 내면의 직관이 말했다. '잔디 깎는 기계 소리를 주문처럼 사용해봐.' 그래서 부릉, 부릉, 부릉, 부릉 소리를 들을 때마다 생각했다. '오, 좋아.' 그랬더니 다시 더없이 행복한 상태로 돌아갔다.

잔디를 깎던 남자가 내 곁으로 왔고 기계 소리가 믿기 힘들 정도로 커졌다. 나는 생각했다. '신이시여, 저는 여기에 있고 여기서 듣고 있습니다. 그런데 왜 아침 6시에 잔디 깎는 사람을 제게 보내셨나요? 그렇군요. 저를 시험하시는군요.' 10분 정도 지나자 마침내 잔디 깎기가 끝났다. 나는 행복했다. 지금까지 살면서 들어본 소리 가운데 가장 시끄러운 소리를 들으면서 나는 그 평화로운 곳으로 다시 돌아갔다. 잔디 깎던 친구가 다시 돌아왔다. 이번에는 잔디 라인을 정리하는 기계를 들고 있었다. 이 남자는 내 매트의 라인까지 정리할 기세였다. 부르르르르릉.

나는 생각했다. '신이시여, 좋습니다. 이번에는 이 소리를 진언으로 삼겠습니다. 저는 여기 머물고 있습니다. 이 상황을 바꿔놓아야겠지요.' 잔디 깎는 남자가 내가 앉아 있는 매트 바로 옆으로 왔다. 나는 계속 머물러 있었다. 집중을 방해하는 요소를 받아들이지 않았다. 약 30분 동안 그렇게 있었지만 잔디 깎는 소리가 커지면 커질수록 명상에 집중하기가 쉬웠다.

그는 잔디 깎는 일을 끝냈고 내 명상도 끝났다. 그 사람은 이렇게 생각했을 게 분명하다. '세상에, 이 사람은 무아지경에 빠진 건가, 아니면 죽은 건가. 둘 중 하나겠지.' 나는 정말 무아지경에서 빠져나온 기분이었다. 그런 명상을 끝내고 나면 날아갈 듯한 기분이 든다. 무엇이든 할 수 있고 이곳에는 오로지 나를 위하고 세상을 위하는 사랑과 조화로움, 평온함뿐이다. 그 누구도, 그 무엇도 다가올 수 없다.

명상을 끝내고 잔디 깎는 남자에게 다가가자 그 사람이 매우 긴장하고 있는 모습이 보였다. 내 키가 그 사람보다 30센티미터는 더 컸다는 걸 기억하자. 그는 아마 이렇게 생각했을 것이다. '역시. 이 사람은 나랑 싸우려고 할 거야.' 주머니에 손을 넣었더니 8달러가 있어서 그에게 주었다. 그리고 말했다. "여기 와줘서 정말 고맙습니다. 오늘 제겐 당신이 필요했어요." 이게 도대체 무슨 일이냐는 표정으로 그가 쳐다봤지만 나는 미소를 띠며 자리를 떠났다.

그 일은 인생이 레몬을 건네면 그걸로 레모네이드를 만들 수 있다는 걸 증명한 최고의 경험이었다. 그날 나는 무슨 일이 생기든 우리 마음속에는 그 일을 원하는 대로 바꿀 수 있는 힘이 있다는 걸 배웠다. 누구나 매일의 일상에 잔디 깎는 사람이 찾아온다. 그 사람을 대하는 방법과 상황에 대처하는 방법이 우리의 변화로 이어지는 길이다.

제11장

가장 편안한 마음
그 안에 머물 것

THE POWER *of* AWAKENING

내가 가장 좋아하는 람 다스Ram Dass의 일화를 소개한다. 람 다스의 스승에 관한 이야기인데 그는 람 다스가 인도에 있을 때 수년 동안 함께 살고 일했던 사람이다. 람 다스가 평생 만났던 사람 가운데 정신적으로 가장 발전을 이룬 인물이었다고 한다.

람 다스는 작가이자 심리학자였던 티모시 리어리Timothy Leary와 심리 실험을 했고 그래서 실험에 사용하는 마약 LSD를 세 알 가지고 있었다. 그 정도면 말 한 마리를 며칠 동안 얌전한 상태로 만들 수 있는 양이었다. 그는 한 번에 1~2마이크로그램 정도씩 몇 달 동안 사용할 계획이었다.

그러자 그의 스승이 말했다.

"재미있는 약을 가지고 있구나. 어디 한번 보자꾸나."

람 다스는 LSD 알약을 보여주며 말했다.

"세 알을 다 드시면 안 됩니다. 한 알에서 몇 마이크로그램씩 떼서 사용해야 해요. 그러면 원하는 효과를 얻을 수 있어요."

그러자 스승은 세 알을 한 번에 입에 넣고 꿀꺽 삼켰다. 그리고 이불 밑에 누웠다가 나와서 온갖 웃긴 행동을 한 뒤 미소를 지으며 물었다.

"약이 더 있느냐? 효과가 없는 것 같구나."

람 다스는 스승에게는 약이 전혀 듣지 않았다는 걸 알게 됐다. 그는 이렇게 결론을 내렸다. "만일 지금 디트로이트에 있다면 디트로이트에 가려고 버스를 타지 않아도 된다." 다시 말해서 이미 정신의 세계에 있는 사람에게는 정신의 세계로 가는 어떤 도움도 필요 없다는 뜻이다.

'디트로이트에 가는 법'은 이 책에서 이야기하고 있는 내용이기도 하다. 바로 우리가 자신의 공간에서 편안하게 지내는 때다. 생각은 우리에게서 나온다는 것, 즉 인생은 우리가 스스로 만든 것임을 이해하는 때다. 몸이란 그저 스쳐 가지만 생각을 죽일 수는 없으며 그래서 우리는 영원히 죽지 않는다는 걸 이해하는 때다.

정신적으로 높은 인식에 다다르면 우리가 찾아 헤매는 건 항상 우리를 피해 다닌다는 걸 알게 된다. 인생의 모든 것이 그렇다. 성공을 생각해보자. 돈을 많이 벌었다고 성공한 사람이 되는 건 아니다. 그보다 더 성공한 사람은 하는 일마다 성공을 거두는 사람이다. 돈은 그 결과로 따라오는 혜택일 뿐이다.

깨우침도 마찬가지다. 깨우침은 모든 교류에, 모든 사고 과정에, 모든 인생 경험에 담는 것이다. 깨우침은 인생을 대하는 태도 혹은 접근법이다. 말 그대로 '빛 속의 삶'을 살며 자신을 향해 움직인다. 절대 자기를 비켜나지 않고 자기 안의 완벽한 존재를 본다. 우주의 섭리에 의문을 품지 않는다. 만물을 정확하게 있어야 할 곳에 있는 것으로 본다. 비평과 부정적인 생각은 없다. 우리는 균형 잡힌 인간이다.

깨우침은 마음 상태를 나타내는데, 깨우침의 상태가 되면 자신과 자신의 완벽함을 받아들이고 더는 애쓰지 않는다. 우리는 이미 디트로이트에 와 있다.

자연스러움이라는 법칙에 순응하기

다음의 내용을 생각해보자. 음식을 한 입 물고 씹으면 우리 몸은 영양분을 흡수하기 위해 많은 일을 한다. 샐러드를 한 입 먹었다면 입속에는 양상추와 토마토가 들어 있다. 음식을 잘 씹을 수 있도록 침이 나온다. 하지만 침을 흘리지는 않으려 노력한다. 어떻게 해야 하는지 몸은 정확하게 알고 있다. 우리는 음식을 삼킬 때 음식이 도로 올라오지 않고 잘 내려가는지 목구멍이나 식도의 연동 작용을 감시하지는 않는다. 음식이 올라와 코로 들어가는 법은 없다. 물론 어쩌다 한 번씩 있을 수도 있지만 말이다. 하지만 음식을 먹으면서 이렇게 말하지는 않는다. "어, 잠깐만. 나 음식을 코로 넣었어. 코로 들어가면 안 되는데 말이야." 음식은 들어가야 할 곳으로 들어간다. 그리고 분해된다.

토마토와 커다란 양상추 조각이 우리 몸속을 떠다니며 "우리가 어디로 가야 하지?"라고 말하지는 않는다. 우리는 음식을 씹고 각각의 효소가 음식 조각을 처리한다. 음식 조각은 소화기관을 따라 정확히 가야 할 곳으로 내려갔다가 그 후에는 영양분으로 분해되어 전부 다른 신체 기관으로 간다. 오늘은 아마도 췌장에 양상추가 조금 필요한 것 같다. 필요하다면 토마토에 들어 있는 어떤 성분이 발가락에 떨어질지 모른다. 우리가 일부러 뭔가를 하지 않아도 우리 몸 곳곳의 기관은 적절한 영양분을 공급받고 있다.

"세상에, 이 모든 일을 다했네. 음식을 소화하느라 해야 할 일이 너무 많아. 췌장과 십이지장이 제대로 작동하는지 확인해야겠어. 아, 이 양상추를 어떻게 배설물로 만들지? 어떻게 하면 몸 밖으로 빼낼 수 있는 거야?" 이런 이야기는 하지 않는다. 그런 일을 하느라 바쁜

게 아니다. 그러지 않아도 소화기관은 완벽하게 작동한다. 우리의 심장도 하루도 빼놓지 않고 매일 하루에 수천 번씩 뛴다. 그렇게 수천 번씩 뛰어 피를 뿜으라고 심장에게 말할 필요는 없다. 그런 일은 하지 않아도 되지만 그래도 우리는 몸 전체를 통제하고 있다.

깨우침도 그와 같다. 깨우침을 얻으면 우리는 조화를 이루고 최적의 상태로 기능하기 시작한다. 인간으로서 우리가 어떤 사람인지는 그냥 일어나는 일이다. 전부 그렇다. '이건 깨우친 사람의 답일까? 여기서 내가 높은 의식을 사용하는 걸까? 정신적으로 높은 인식에 이르렀는지 모르겠어. 내가 조절해야 할 필요가 있을까?' 계속 이런 생각을 하면서 돌아다니지는 않는다. 일부러 심장을 뛰게 하거나 소화기관을 움직이게 하지 않는 것과 마찬가지다.

우리가 조화로운 상태라면 모든 게 완벽하게 이뤄진다. 그렇지 않은 상태라면 마치 토마토와 양상추를 제자리에 보내려고 애쓰는 것과 같은 모습일 것이다. 어떻게 해야 할지 너무 혼란스럽고 당황스러울 것이다.

우리는 아무리 애써도 심장을 뛰게 할 수 없다. 심장은 자연스럽게 뛴다. 내 모습도 그렇게 봐야 한다. 자연스럽고 완벽하게 움직일 수 있도록 하라. 그러기 위해서는 모두를 존중하고 사랑하면서 동시에 자신에게 집중해야 한다. 여기서 말하는 자연스러움은 소화기관이나 심폐기관을 움직이는 이치와 똑같다. 우리 몸에서는 필요한 효소가 순간적으로 나오고 전부 완벽하게 움직인다. 사람들이 서로 관계를 맺는 방식에서부터 우리 몸이 기능하는 방법에 이르기까지 우리가 하는 모든 일에 적용되는 특정한 규칙과 법칙이 있다.

내 강연을 듣거나 책을 읽고 나서 이렇게 말하는 사람들이 종종 있다.

"저도 구도자예요."

이런 말을 하는 건 내가 많은 사람이 손에 넣지 못하는 세상의 진리와 법칙에 관해 이야기하기 때문에 나도 그런 걸 찾고 있다고 생각해서인 것 같다. 이런 이야기를 들으면 즐겁다. 그래서 나는 이렇게 대답한다.

"저는 구도자가 아닙니다. 저는 발전하고 있어요. 꿈을 통과하고 그 과정을 전부 즐기고 있습니다. 모든 일을 할 때 저는 이런 마음가짐으로 임합니다."

깨우침은 세상을 초월하는 섭리와 조화를 이뤘을 때 자연스럽게 이뤄지는 것이다. 깨우침은 찾는 게 아니다. 이해할 필요도, 동의할 필요도 없다. 그냥 그것이 섭리라는 걸 알기만 하면 된다. 깨우침이란 사실 있는 그대로의 상태를 조용히 받아들이는 일 이상의 그 어떤 것도 아니다.

상황을 개선하려는 바람도 자연스러운 상태다. 그러므로 그런 바람과 함께 배움을 얻는다. 상황을 개선하는 일, 즉 다른 사람을 돕고 베풀고 사랑을 펼치는 일에 집중하면 그런 마음을 세상에 펼칠 수 있을 때 높은 의식의 일부가 된다.

생각을 바꾸면 비극은 없다

—◆—

깨우침의 과정은 세 단계로 나뉜다. 첫 번째 단계에서는 이미 일어난 일을 통해 배운다. 예전에 내게 이런 말을 했던 여성이 생각난다.

"10년 전 남편이 퇴근하고 집에 와서 말했어요. '난 떠날 거야.' 그러고는 집을 나갔죠. 엄청난 충격을 받았습니다. 수년이 지나도록 그 상처를 극복하지 못했어요. 하지만 이제 뒤돌아보니 남편이 그날 떠난 일이 제 인생에서 가장 중요한 전환점이었어요. 그 일은 축복이었어요."

수년 동안 고통받은 끝에 그녀는 남편이 떠난 게 비극이 아니라 축복이라는 걸 깨달았다. 다시 말해 과거의 일을 크게 이해하게 되면서 깨우침의 단계에 이른다. 모든 어려움 속에 기회가 있다는 건 현재 가지고 있는 지식으로는 즉각 깨닫기 어렵다.

다음 단계에서는 내 앞에 나타나는 모든 일이 축복이라는 걸 마음으로 이해하게 된다. 이 말은 그냥 자기계발 서적에 나오는 감상적인 문구가 아니다. 사실 이 책에서 내가 이야기하는 내용은 자기계발이 아니라 자기 깨달음에 관한 것이고 이는 자기계발을 훨씬 넘어서는 일이다.

자신을 깨닫기 시작하면, 즉 자신의 엄청난 가능성을 발견하면 일어나는 모든 일에 기회가 숨어 있다는 걸 알게 된다. 비록 장애물처럼 보이는 일이라 해도 말이다. 우리는 생각한다. '내가 왜 이걸 만들었는지 궁금하군. 여기에 어떤 교훈이 있을까.' 여전히 고통스럽지만 고통은 점점 줄어들고 지속되지 않는다. 힘든 상황을 헤쳐나가는 데 10년이 아니라 10주, 10일, 10분이 걸린다.

고통은 생각에서 비롯되는 것이므로 항상 모습을 드러낸다. 하지만 생각하는 내용이 확대된다는 걸 알면 부정적인 생각에 초점을 맞추지 않게 된다. 이혼 절차를 진행하고 있다고 해보자. 또는 금전적으로 어렵거나 질병에 걸렸거나 가족의 죽음을 맞이했다거나 등 아주 힘든 상황 속에 있다고 생각해보자. 이제는 이런 일을 이렇게 생각할 수 있다. '이 어려움을 통해 뭔가 얻을 수 있겠지. 이 일을 통해 성장할 수 있어. 나는 이 상황을 초월해 지나갈 거야.' 그리고 더는 이렇게 생각하지 않는다. '나한테 왜 이런 일이 일어난 거지? 언젠가 그 이유를 알게 되겠지만 지금은 모르겠어. 앞으로 6년이나 더 우울하게 지내야 한다니 정말 끔찍해.' 이런 생각은 지나온 과거의 사고방식이다. 이제 우리는 확고한 두 번째 단계에 있다.

사람들은 이렇게 묻는다. "그게 두 번째 단계라면 다른 단계가 또 있나요?" 일이 생기기 전에 상황을 빠져나와 막을 수 있다면 깨우침의 세 번째 단계가 일어난다. 생각 속에 나타나 일어나는 일을 보고 그중 어떤 것을 물리적으로 옮길지 결정하는 것이다.

가령 연애를 하고 있는데 상대방이 언짢은 말을 했다고 하자. 내가 어떤 방식으로 대응하면 상대도 같은 방식으로 대응할 것이라는 걸 안다. 내가 이렇게 말하면 상대는 저렇게 말할 것이다. 전부 생각 속에서 연기해볼 수 있으며 그렇게 했다면 일이 벌어지기 전에 빠져나온 셈이다. 그렇게 생각을 통해 이 상황이 어떻게 파국으로 이어지는지까지 볼 수 있다. 둘 다 2~3일 동안 정말 화가 나 있고 말을 하지 않거나 심하게 싸울 수도 있다. 친밀한 사이에서 사람들이 피하는 일을 하면 파국으로 이어진다.

다시 말하지만 이 모든 상황극을 미리 펼쳐보고 굳이 그런 일을 만들 필요가 없다는 걸 알게 된다. 상대방이 틀렸다고 할 필요가 없다. 훌륭한 단계에 들어선 것이다. 내가 옳다고 할 필요도 없다. 이건 더 높은 단계다. 여기에 옳고 그름은 없다. 마음속으로 모든 상황을 그려보고 이런 싸움을 물리적으로 옮길 필요가 없다고 결심한다. 일이 벌어지기 전에 상황을 빠져나온 것이다. 이제 사건은 사라졌다. 전부 마음속에서 벌어진 일이었기 때문이다. 그런 일을 물리적으로, 인생으로, 행동으로 옮기지 않는 데 마음을 사용했다. 두 사람 모두에게 좋을 게 없는 일임을 아는 것이다.

연인 관계에서 내가 옳다고 말하는 대신 상대방의 다른 점을 축복하라. 필요하다면 남은 인생에서도 서로 의견이 일치하지 않을 수 있다는 사실에 동의하라. 나는 사람들에게 이 단계에 이르면 아주 좋다고 이야기한다. 두 사람이 함께 이 단계에 이르면 자신의 관점도 여전히 표현할 수 있기 때문이다. 특정한 나이가 되어서야 이 지점에 이르는 게 아니다. 인생의 어떤 시점에서도 이 단계에 이를 수 있다.

깨우침의 여러 단계를 살펴보면 첫 단계에서 우리는 배우가 된다. 사건이나 환경, 다른 사람이 감독이다. 두 번째 단계에서는 자신이 감독이 된다. 그리고 세 번째 단계에 이르면 제작자까지 겸한다. 이제 우리는 우리 인생의 배우이자 감독 그리고 제작자가 되었다. 이 모든 일은 마음속에서 일어난다. 한때 커리어를 바꾸려고 몹시 고민했다면 이젠 어떻게 되는지 살펴보면 된다. 애틀랜타에 살고 있지만 새로운 일자리나 새로운 회사를 위해 휴스턴으로 가야 한다면 집을 팔고 텍사스로 운전해서 이사하는 자신의 모습을 그려보자.

이 과정을 그려보면 일이 어떻게 될지 알 수 있다. 우리가 생각하는 대로 일이 펼쳐지기 때문이다. 그런 다음 결정하면 된다. 우리의 결정은 '상사가 내게 이렇게 할 거야. 일이 이렇게 되어가겠지. 이렇게 해서 일이 잘 풀리지 않으면….' 같은 생각을 바탕으로 하지 않는다. 마음속에서 우리가 원하는 대로 그림을 그려 결정하는 것이다. 자신이 원하는 대로 펼쳐지지 않을 듯하면 일이 벌어지기 전에 상황을 빠져나와 휴스턴에 가지 않으면 된다. 반대로 휴스턴에 가서 새로운 일을 시작하는 게 신나고 멋진 모험이며 이제 새로운 일을 시작할 때가 되었다고 생각한다면 이사 가는 쪽을 택하면 된다. 자신에게 일어나는 일이 이런 단계를 거친다고 생각하겠지만 실제로는 우리가 이런 일을 선택하고 만든 것이다.

앞서 말했듯 우리는 마음을 흥미로운 방식으로 사용할 수 있다. 상사나 동료에게 특정한 방식으로 대응하면 어떻게 되는지 미리 볼 수 있다. '내가 이렇게 말하거나 행동하면 그들은 화를 낼 거야. 그런 상태까지 갈 필요는 없어. 마음속으로 이미 봤지만 A, B, C, D로 행동하지 말자. 이미 결과를 봤잖아. 그렇게 되고 싶지 않아. 아직 일이 벌어지기 전이야.' 이처럼 마음을 이용해 우리의 평생을 제작할 수 있다.

나와 다른 것이 자연스러운 것

————◆————

완전히 깨어난 사람은 성공 이상으로 나아간다. 서구 사회에서 성공은 성취하는 것보다 승리를 쌓는 걸 의미한다. 즉 다른 사람보다 더 좋은 성과를 내거나 더 많이 얻어야 한다. 이는 우리 문화에서 큰 부분을 차지하며 거기에 특별한 문제가 있는 건 아니다. 하지만 이제 우리는 성공, 성취, 성과라는 개념 안에는 내가 이기기 위해 다른 누군가는 져야 한다는 전제가 있음을 알았다. 깨우침을 얻으면 윈윈 해법으로 갈등 상황에 접근하는 법을 알게 된다. 윈윈이라는 말은 비즈니스 세계에서 자주 사용하는 구호이지만 모든 인간관계에 사용할 수 있다.

연인 관계에서는 이 윈윈 관계가 강하게 나타난다. 우리는 자신이 갖지 못한 부분을 다른 사람에게서 보고 사랑에 빠진다. 나와 완전히 똑같은 사람과 사랑에 빠진다면 서로 중복될 뿐이다. 이미 가지고 있는 것을 더 원할 필요가 있을까?

하지만 사람들은 말한다. "우린 정말 공통점이 많아. 그가 이런 말을 하면 내가 같은 말을 해. 그가 이런 일을 하는 걸 좋아하는데 나도 좋아하는 일이야. 그도 운동선수이고 나도 운동선수야." 그러면서 서로 공통점을 가졌다는 건 정말 멋진 일이라고 생각한다. 하지만 나는 생각한다. '어허, 이거 어쩌나. 여기 진짜 문제가 있어.' 그런데 어떤 사람이 "아, 그녀는 나랑 정반대야."라고 말하면 나는 그들이 정말 인연이 있다고 생각한다. 이 커플은 서로를 보면서 깨달을 것이다. '나와 다른 사람이고 내가 가질 수 없는 면을 많이 가졌네. 그런데 그게 좋아. 내 주변에 그런 사람이 있는 게 좋아. 저렇게 열정 있는 사람이 필요해. 나는 조용한 사람이니까 이렇게 이야기를 많이 해주는 사람이 옆에 있어야 해.' 그래서 이들은 서로를 아낀다.

하지만 시간이 흐르면서 관계에 활력을 주던 서로의 차이점을 잊는 일이 자주 생긴다. 애초에 상대에게 마음이 끌린 이유였던 나와의 차이점으로부터 등을 돌리고 갈등과 대립의 영역으로 들어간다. 사랑하는 사람을 바꾸려 애쓰기 시작한다. 그러면 상대는 사랑한다는 느낌보다 달라져야 한다는 부담감을 느낀다. 처음 상대와 사랑에 빠졌던 이유를 다시 찾아야 한다는 점을 명심하라.

모든 관계는 반대되는 모습을 찾는 것이다. 자신을 비추는 거울 같은 관계는 필요하지 않다. 이미 가진 모습이기 때문이다. 자녀들을 볼 때조차 보통 가장 사랑스럽다고 여기는 모습은 우리와 다른 일을 하는 모습이다. 우리가 가장 존중하는 모습도 우리에게 없는 모습이다. 예를 들어 자녀가 스스로 옳다고 생각하는 일을 위해 나서면서 비난을 감수하는 모습을 볼 때 존경심이 든다. 물론 아이가 늘 부모의 말에 반박하는 걸 원하는 건 아니지만 마음 한구석에는 이런 생각이 든다. '나는 한 번도 이런 용기를 내지 못했어.' 이처럼 자신과 다른 특징을 존중하면 아이들에게서 배움을 얻을 수 있고 아이들은 우리의 스승이 된다.

그런 차이점으로부터 긍정적이고 아름다운 모습을 만들어낼 수 있다. 서로 존중하거나 함께 춤추거나 축하할 만한 일을 두고 갈등이 생겼다면 즉시 해결책에 초점을 맞춘다. 대부분의 경우 서로 다르기 때문에 생기는 갈등의 해결책은 서로의 차이를 존중하고 예우하며 축하해주는 것이다. 여기서도 윈윈하려는 태도가 나타난다.

　직장에서 갈등이 생겼을 때도 똑같이 접근할 수 있다. 문제를 중심으로 생각하려는 마음, 즉 '이 사람이 틀렸다는 걸 보여주겠어'라는 마음, 서로 경쟁하는 마음을 눌러야 한다. 다른 사람과 다르다는 점에서 위협을 느낄 필요가 없다. 남들은 나와 다른 길에 서 있다. 어떤 사람은 일을 정말 효율적으로 해내지만 처리 속도가 느린 사람도 있다. 그런 사람에게 틀렸다고 하지 마라. 에고가 개입된 생각은 전부 억눌러라.

　이는 경쟁적인 오늘날 사회에서 가장 하기 어려운 일일지 모른다. 그래도 다른 사람이 지닌 차이점을 존중하고 그들과 시합을 벌이는 게 아니라 있는 그대로의 모습으로 받아들이도록 노력해야 한다. 정신적이고 우뇌 중심적이며 직관적인 접근법을 택한다고 해서 나약하거나 소심하거나 유익하지 않은 사람이 되는 게 아니다. 사실 서로의 차이점을 받아들이면 조화를 이루며 즐기게 된다. 내가 왜 여기에 왔는지 알 수 있고, 내가 옳다거나 이겨야 한다는 마음이 사라지면서 더 좋은 결과를 낼 수 있다.

　나도 지금까지 이런 방향으로 많이 변했다. 다른 사람에게서 차이점을 발견할 때마다 경쟁하거나 갈등을 일으킬 필요는 없다. 대신 다양함을 인지하고 해결책을 찾는다. 불협화음이 생기면 그런 갈등이 없어져야 한다고 여기는 대신 함께 춤추며 심지어 즐기기도 한다. 항상 옳아야 한다는 집착을 버리고 사람들에게 사랑과 조화로움과 만족을 전하는 길을 걷기 시작한 이래로 내 인생에는 그 어느 때보다 많은 성공이 찾아왔다. 내 책과 오디오북은 아주 인기가 높다. 강연 수요도 늘어났고 나만의 텔레비전 프로그램을 만들거나 극본을 쓰는 일처럼 전에는 생각조차 못 했던 일을 함께 하자고 사람들이 초대한다. 외부의 기준에서 봐도 성공이나 성취로 여길 만한 일이 분명 늘어났다. 하지만 나는 그 모든 일 너머에서 일어나는 일을 이야기하려는 것이다.

우리가 더없는 기쁨을 따르고 다른 사람을 돕는 삶에 집중할 때 그토록 간절히 찾아 헤매던 모든 것이 온다는 건 정말 큰 아이러니다. 성공은 조르거나 요구하거나 쫓아다니거나 애쓸 때는 절대로 오지 않는다. 목표를 향해 분투하는 삶에서 목표에 도달한 삶으로 갈 수 있는 유일한 방법은 집착을 버리고 받아들이는 일이다.

우리 모두 각자의 길 위에 서 있다

——✦——

깨우침을 얻으면 더는 자신을 높은 의식과 분리된 존재로 보지 않는다. 대신 높은 자아가 자신이라고 여긴다. 그러면 인생에 극적인 변화가 일어나기 시작한다.

경력을 쌓고 일을 해내는 데 집중했던 과거는 이제 없다. 그래서 훨씬 더 평온함을 느낀다. 그리고 얼마의 시간이 지나면 다음과 같은 사실을 깨닫는다. '내가 하는 일은 전부 괜찮아. 일을 망쳐도, 계약이 성사되지 않아도 거기서 배울 점은 있어. 일을 방해하는 장애물이나 실패 속에도 기회가 있어.' 모든 일에서 이처럼 믿기지 않는 긍정적 태도를 갖게 된다.

우리는 물질세계가 전부 환상임을 알면서도, 심지어 진짜가 아닌 것을 두고 싸우느라 자신을 파괴하고 있다. 이 사람이 나를 좋아하는지, 그 돈을 받을 수 있을지 같은 문제에 왜 신경을 써야 할까? 그런 식으로는 아무 일도 할 수 없다. 스스로 이렇게 말하라. '나 자신을 망치는 짓을 그만둬야겠어. 더는 그런 생각조차 하지 않을 거야.' 얼마 지나지 않아 분노와 부조화가 사라지고 모든 걸 완전히 받아들일 것이다. 살면서 하는 모든 일에 새로운 접근법을 도입하라. 여기서 중요한 건 사랑뿐이다.

마음 깊은 곳에서는(그 특별한 장소에서 우리는 자신이 생각이라는 것, 생각이 자신이라는 것, 자신이 높은 의식이라는 걸 알고 있다) 자신이 훨씬 생산적인 사람이라는 느낌이 들고 다른 사람의 생각에 소모되지 않는다. 전에는 인생에서 아주 중요한 부분을 차지했던 모든 것과 얻으려 애썼던 모든 것, 행복해지려 애썼던 모든 일과 나를 지배하거나 통제하려는 관계를 전부 떠난다. 그런 것 모두를 뒤로하고 갈등과 대립을 피한다. 그런 건 내가 아니기 때문이다. 매사가 훨씬 더 자연스러워진다.

얼마간 시간이 지나면 다른 사람이 하는 일에서 아름다움을 찾고 모든 사람에게서 아름다움이 보인다. 고속도로에서 끼어들기를 하는 사람도 있고 나를 향해 소리치는 사람, 기분 나쁘게 하는 사람, 돈을 갚지 않는 사람, 한때는 정말 미쳐버릴 것 같았던 일을 하는 사람도 있지만 이제는 이해한다. 그게 그들이 인생길에서 서 있는 곳이다. 내게 일어나는 모든 일, 나와 마주하는 모든 사람이 신의 선물이다. 그들은 내가 나 자신을 알 수 있도록 가르침을 준다. 그래서 이렇게 생각한다. '이 사람은 그냥 나를 시험에 들게 하는 거야. 그에게도 내가 뭔가를 베풀 수 있는지, 그가 정말 내게 다가올 수 있는지 확인하려는 거지.'

부정적인 사람이 우리에게 다가서도록 허용하는 순간 우리의 인생은 그의 통제 아래 놓인다. 그 사람의 의견이 우리의 의견보다 중요하다. 그러나 그가 인생길의 어디에 서 있는지 보고 그의 행동이 우리와 아무런 상관이 없다는 걸 깨달으면 비참해지지 않는다. 왜냐하면 우리에게 그런 식으로 행동하기로 선택한 건 바로 그 사람이기 때문이다. 얼마 지나지 않아 주위에 있는 그런 사람들로부터 등을 돌릴 수 있을 것이다.

어떤 상황을 바라보는 세 사람을 예로 들어보자. 한 사람은 분노를 느끼고, 다른 한 사람은 적개심을 느끼고, 마지막 사람은 그 모든 일 너머에 있는 사랑을 느낀다. 무엇이 됐든 마주하는 모든 상황에서 사랑을 느끼는 사람은 원하는 바를 얻고 다른 사람이 마음을 돌리도록 도울 수 있다.

공항을 떠올려보자. 공항에서는 좌석을 얻으려고 많은 사람이 다툼을 벌인다. 나도 여러 번 그런 경험을 했다. 최선을 다해 일하며 예의 바른 항공사 직원에게 공격적으로 대하는 사람도 여럿 있다. 그런데 승무원들이 자신을 힘들게 하는 승객을 얼마나 잘 응대하는지 보고 있노라면 존경스러울 정도다. 그들은 정말로 친절하고 모든 일에 최선을 다한다. 내 차례가 되면 나는 이렇게 말한다.

"음, 정말 힘드시겠어요. 승무원은 정말 많은 걸 참아야 하는 직업인 것 같아요. 그런데 잘 대처하시고 침착함도 잃지 않으시네요."

이렇게 말하면 승무원들은 종종 나를 위해 굳이 해주지 않아도 될 일까지 해준다. 일등석으로 업그레이드해주거나 내가 가장 앉고 싶었던 좌석을 배정해준다. 또는 진심에서 우러나온 미소를 보여주기도 한다.

좋은 일이 생기기를 바란다면 어떤 상황도 그렇게 만들 수 있다. 그렇게 시간이 지나면 상황을 좋은 쪽으로 바꾸는 습관이 생기고 부정적인 면은 보이지도 않는다. 내면에 부정적인 부분이 아예 없기 때문이다. 고속도로를 달린다면 차선을 양보해주는 운전자에게 손을 흔들어 감사를 표하라. 누군가가 차선을 양보해주기를 바랐지만 그러지 않았다고 해도 그 사람의 행동을 마음에 담아두지 마라. "저 사람은 진짜 자기가 뭐라도 되는 줄 아나?" 이런 불평을 쏟아내지 마라. 그냥 전부 흘러가게 두어라. 그 사람의 차가 지나가게 두고 차선을 양보해줄 다음 차를 찾으면 된다. 얼마 지나지 않아 누군가 손을 내밀어 양보해줄 것이다. 그러면 그 운전자에게 미소를 보이고 고맙다고 말하라. 부정적인 면에 집착하지 않고 원하는 바를 얻는 것이다. 이것이 깨우친 삶이다.

스와미 묵타난다가 남긴 멋진 말이 있다. "에고는 우리가 깨우침을 얻을 때 가장 크게 실망한다." 정말 맞는 말이다. 깨우침을 얻으면 내내 높은 자아의 언어로 이야기하기 때문이다. 깨우침을 얻었다는 건 완전히 깨어 있고 인식하고 있으며 진짜 자신의 모습인 내면의 신성함과 이어졌다는 신호다. 깨우침을 얻으면 더는 애쓰지 않아도 된다. 이미 목표에 도달했기 때문이다.

제12장

지금 여기 이곳에서의
삶을 만끽할 것

이 책의 여정을 마무리하면서 처음에 이야기했던 내용으로 다시 돌아가고자 한다. 불신을 누르고 마음을 열면 과거에 편안했던 틀에서 벗어나 세계가 확장되는 걸 느낄 수 있다. 이 책을 처음 읽기 시작했을 때는 얻을 수 없으리라 여겼던 것들이 이제는 아마 손에 잡힐 듯할 것이다. 그렇다면 여기서는 우리가 에고를 밀어내고 높은 자아와 조화를 이룰 때 어떤 일이 일어나는지 몇 가지 밝히고자 한다.

인생의 깨달음이 주는 것들을 누려라

————✦————

에고를 물리치고 완전히 깨어나면 다음과 같은 놀라운 일들이 벌어진다.

- **스트레스가 급격히 줄어든다**

높은 자아를 따를 때 일어나는 가장 중요한 일이다. 높은 자아에 귀 기울이면 자기중심적인 태도를 고집하는 게 스트레스의 근원임을 깨닫는다. 스트레스를 받으면 받을수록 에고가 우리를 더 많이 통제한다. 정해진 방식으로 정해진 시간 안에 원하는 바를 얻어야 한다며 자신과 다른 사람을 고생시키는 에고의 말을 따르지 않으면 훨씬 스트레스를 덜 받고 자유로워진다.

스트레스를 받는 사람은 호불호가 확고하다. 매사에 엄격하게 고수하는 부분이 있다는 건 자유가 없다는 뜻이며 결국 스트레스와 관련된 셀 수 없이 많은 질병이 나타날 수 있다. 왜 우리 인생의 일부를 에고가 휘두르도록 해야 할까? 그건 마치 내가 아닌 외부의 누군가에게 통제권을 넘기는 일과 같다. 그리고 당연하겠지만 통제권을 넘기는 순간 우리는 자유롭지 않다.

원하는 대로 일이 진행되지 않아도 융통성 있게 대처할 수 있다면, 즉 조화롭고 다정한 높은 자아의 말에 귀 기울이면 확고한 호불호가 약간의 선호 사항 정도로 변한다. 시간이 좀 더 지나면 그런 선호 사항조차 생기지 않는다. 일이 진행되어 나오는 결과에 집착하지 않기 때문이다. 결과에 집착하지 않는다는 건 우리의 높은 자아가 운전대를 잡고 있다는 뜻이다.

차분하고 참을성 있고 동정심을 가지면 그런 마음으로 인생을 대한다. 그러면 정말로 좋은 일이 생긴다. 무엇보다 분노하거나 화내거나 쉽게 짜증 내는 사람이 보이는 심리적 반응이 줄어든다. 에고가 휘두르는 부분이 줄어드는 것이다. 에고가 삶을 휘두를 때 우리는 삶의 균형을 놓치고 중심을 잃기 쉽다. 에고는 우리가 갈등 속에 있기를 원한다. 우리가 어려움을 겪으며 고전할 때 높은 자아에 기대기 어렵기 때문이다. 다시 말하지만 에고는 우리가 높은 자아를 찾는 걸 가장 두려워한다.

물론 인생에 폭풍우가 몰아치는 때가 있다. 하지만 그런 폭풍우의 한가운데서도 평정심을 유지할 수 있다. 의도적으로 그렇게 하려고 애쓰지 않아도 된다. 높은 자아를 따라 점점 평온해지면 자연스럽게 점점 짜증이 줄어든다. 모욕을 당해도 혈압이 올라가지 않는다. 자신의 의견이 반박당해도 심장이 심하게 뛰지 않는다. 신체 주요 기관이 모두 최적 상태로 기능한다. 우리가 건강해서 그런 게 아니라 우리를 통제하려는 모든 외부 자극에 더는 휘둘리지 않기 때문이다. 얼마나 강력한 힘을 지닌 생각인가! 우리는 진정한 자유를 얻었다.

- **분노가 사라진다**

에고는 우리 자신과 우리에게 중요해 보이는 모든 것에 집착한다. 에고에서 벗어나 내면의 신성함에 몸을 맡겨라. 높은 인식을 얻으면 분노는 창밖으로 사라진다.

분노하는 사람은 항상 기분 나쁜 일의 이유를 찾는다. 어디를 가나 그렇다. 그래서 고속도로에서 운전하는 것도 분노할 이유가 된다. 가족들이 해야 할 일을 안 하는 것도 분노의 원인이다. 고양이가 아끼는 가구를 할퀴었거나 지금 당장 냉장고 안에 맥주가 없어도 화가 난다. 신문을 읽다가 이쪽 정당에서 이렇게 얘기하고, 저쪽 정당에서 저렇게 얘기하는 걸 봐도 화가 난다. 끝도 없다. 얼마 지나지 않아 눈에 보이는 모든 것에 분노한다. 이는 자신의 인생을 스스로 통제하지 못한다는 뜻이다.

일상에서 그런 일이 일어났을 때 화낼 이유로 삼는 게 아니라 있는 그대로 받아들일 때 진정한 자유가 찾아온다. 바꾸고 싶은 일이 있으면 자기도취에 빠지지 말고 바꾸면 된다. 명상을 할수록 더 평온해지고 내면의 신성함이 주는 힘을 얻을 수 있다. 우주에는 목적이 있고 세상에 일어나는 모든 일은 신이 계획한 일이다. 설령 우리가 이해하지 못한다고 해도 말이다. 신의 계획은 실현되지만 우리의 계획은 실현되지 않는다는 말은 훌륭한 통찰이다. 이것을 알면 더는 일상에서 분노하지 않고 자기 자신에 빠져 그렇게 화내지도 않을 것이다.

• 생산적인 사람이 되고 에너지가 넘친다

결과에 집착하지 않고 자기도취에 빠지지 않을수록 우리가 이 세상에 태어난 이유를 위해 사용할 에너지가 많아진다. 에고는 말한다. '만사를 다 신경 써야지.' 하지만 높은 자아가 말한다. '몸을 낮춰 다른 사람을 돕고 흐름에 따르고 정신적 목표를 세워야 해. 우리가 세상에 태어난 건 목적이 있어서라는 사실을 알면 우리를 기분 나쁘게 하는 일에 쏟을 시간이 없어.'

에고에서 높은 자아로 의식이 이동하는 과정을 거치는 동안 에너지의 문이 열린다. 그리고 이때 '회복'recapitulation이라 불리는 아주 강력한 방법을 시도할 수 있다. 나는 회복의 전 과정에 큰 믿음을 가지고 있다. 전에 이 방법을 써본 사람의 글을 읽었는데 우리가 살면서 겪은 모든 경험이 그곳에 있다고 한다. 이 과정을 통해 인생의 부정적인 에너지를 몰아낼 수 있고, 그렇게 했을 때 긍정적인 에너지가 새로 들어올 공간이 생긴다. 내면을 비워 신성함이 들어올 기회를 열어두는 것이다.

나는 명상을 통해 스스로 회복의 과정을 거친다. 예를 들면 초등학교 4학년 때의 교실로 돌아가 내 옆에 있는 프레드를 본다. 프레드의 앞에는 재니스가 있고 얼린이 있고 엥겔 선생님이 교실 앞쪽에 앉아 있다. 나는 말한다. "세상에, 4학년 교실을 그대로 옮겨놨잖아! 다들 여기 있어."

내가 4학년이었던 그해 어머니는 나와 우리 형제들을 보육원에서 데리고 나왔다. 나는 당시의 모든 경험과 에너지를 떠올렸다. 내가 쌓아둔 모든 것, 내가 느꼈던 괴로움, 상황이 더 좋아질 거라고 기대했지만 그렇지 않았던 일까지 말이다. 어머니는 아버지와 똑같은 사람과 재혼했다. 아버지와의 결혼에서 교훈을 얻지 못했던 어머니는 그 교훈을 얻을 때까지 학대 성향이 있는 알코올 중독자와 또 다른 결혼 생활을 겪어야 했다. 회복의 과정을 거치면서 나는 당시의 모든 부정적 에너지를 흘려보낼 수 있었다.

당신도 과거로 돌아가 각자의 인생에 쌓여 있는 부정적인 에너지를 흘려보낼 수 있다. 그렇게 하면 마음의 문을 여는 데 도움이 될 것이다. 앞서 배운 내용으로 돌아가서 이야기하면 관찰자가 된다는 건 자신의 모습만을 살핀다는 뜻이 아니다. 문제에서 나를 분리하고 그게 무엇이든 나는 나를 괴롭히는 존재가 아니라는 걸 이해하는 과정이다. 그렇게 하면 우리 인생의 어떤 것도 결코 잘못된 적이 없으며 앞으로도 잘못되지 않으리라는 걸 이해하는 순간이 온다. 만사는 항상 있어야 할 곳에 있다.

세상의 그릇된 부분 대신 옳은 부분에 집중하면 보다 생산적인 사람이 될 수 있다. 인생에서 부정적인 기운을 몰아내고 에고나 자기도취 성향이 회복의 과정을 방해하도록 허락하지 않으면 보다 강한 나, 나를 통제하는 나, 평온한 나를 느낄 수 있다. 회복의 과정은 내 인생의 전체 전망을 바꾸었다. 그리고 회복을 경험한 후에 훨씬 더 많은 에너지가 생겼다.

• 내면에 깊이 자리 잡은 소망을 발견한다

개인적으로 내가 이 세상에 태어난 이유는 자기신뢰self-reliance를 가르치기 위해서인 것 같다. 내 인생의 어떤 순간에도 여기서 벗어날 수 없었다. 보육원과 여러 위탁가정을 전전하는 어린 소년이었을 때의 일이다. 새로운 아이가 들어오면 책임자가 이렇게 말하곤 했다. "웨인은 어디 있지?" 어린 여자아이가 울면 또 말했다. "웨인, 네가 가서 이야기를 좀 나눠보면 어떻겠니?" 나는 새로 온 친구의 손을 잡고 말했다. "여긴 아주 좋은 곳이야. 정말 좋은 시간을 보내게 될 거야. 여기에는 부모님도 없고 뭔가를 해야 한다고 말하는 사람도 없어. 멋진 곳이지." 내가 예닐곱 살이었을 때 했던 일이며 그 이후로 쭉 이런 일을 해왔다.

고등학교에 다닐 때는 자기신뢰와 관련된 문제를 주제로 에세이나 소설을 썼다. 졸업 후 군 복무를 했을 때는 내 시간을 쪼개 인식론과 자기지향성에 관한 강의를 했다. 30명쯤 되는 사람들이 내 수업에 들어왔고 우리는 이런 주제로 토론을 벌였다. 또한 군내 시스템, 온갖 행정 절차와 엄격한 규칙을 따라야 하는 사람들을 도와주었다. 제대한 뒤에는 대학에 진학했다. 학생들을 가르치기 시작했을 때는 이 책에서 이야기한 것과 같은 내용을 주제로 방과 후 세미나를 열었다. 기억하는 한 나는 이런 일을 하며 살았다. 이것이 내가 세상에 태어난 이유인 것 같다.

인생의 목적에 집중하고 그 목적을 삶의 동기부여 수단으로 삼으면 중요한 정신적 목표를 세울 수 있다. 일상에서 마주치는 온갖 사소한 일은 그저 내면의 깊은 바람을 방해하는 사소한 문제일 뿐이다. 삶의 목적을 이루는 데는 누구의 허락도 필요 없고 누구 위에 군림할 필요도 없다. 에고를 길들이고 자만심을 내려놓으면 세상에 태어난 목적에 집중하며 살 수 있다.

당신의 에너지는 오직 그런 삶의 목적을 이루기 위해 주어진 것일 뿐이며 남들의 말은 그저 인생길에 일어나는 일일 뿐이다. 더 이상 남들의 말에 동의하지 않거나 화내지 않을 것이다. 사실은 그런 말을 눈치채지도 못한다. 당신의 에너지는 세상에 태어난 목적을 이루는 일에만 오롯이 집중하고 있기 때문이다.

· **외로워하지 않는다**

에고는 외로움을 조장한다. 우리가 외롭다고 느낄수록 헛헛한 마음을 외부 요소로 채우려 하기 때문이다. 내면이 공허하지 않으면 외로움을 함께하는 존재, 즉 높은 자아를 사랑하게 된다. 외로울 수가 없다.

사람은 모두 하나이며 우리는 전부 이어져 있다. 우리 모두에게 흐르는 신성한 에너지가 있기에 소외감을 느낄 이유가 없다. 이제 훨씬 더 사랑할 능력을 갖췄기에 깨진 관계와 함께 살아갈 가능성은 줄어든다. 높은 자아에 따르는 삶을 살면서 평온함과 성취감, 온전함과 기쁨을 누린다. 사랑은 우리가 존재하는 에너지이자 모든 세포를 하나로 묶는 힘이며 우주를 한데 붙이는 풀과도 같다. 이 풀의 역할을 하는 게 우리 자신이다. 이를 알고 경험하면 사랑과 수용의 눈으로 세상을 바라보게 된다.

반면 에고는 우리가 두려움과 함께 살기를 원한다. 우리는 불완전한 사람이라고, 우리는 뭔가 잘못되었다고 느끼게 한다. 그런 감정은 두려움에서 나온다. 하지만 누구의 잘못이라고 할 필요도, 내가 옳다고 할 필요도 없다. 우리는 서로 구별되는 존재가 아니기 때문이다. 에고를 물리치면 타인에게서 신의 완전함을 보고 그들의 신성한 내면을 받아들이고 사랑하게 된다.

언젠가 의사이자 작가인 디팩 초프라_{Deepak Chopra}가 내게 이런 이야기를 들려주었다. 인도의 한 유명한 성자가 안내를 받아 아주 화려한 장소에 갔다. 성자를 위해 깔아놓은 붉은 카펫을 막 밟으려는 순간 거지가 나타났다. 성자와 함께 있던 사람 가운데 한 명이 말했다.

"저리 비켜! 성자님이 오시는 게 안 보이느냐?"

그러자 거지가 고개를 들고 말했다.

"제게 비키라고 하시는데 저분은 누구십니까? 이 몸입니까, 아니면 제 안에 있는 신입니까?"

성자가 몸을 숙여 거지에게 입을 맞추고 말했다.

"옆으로 물러날 필요 없네. 우리 둘은 한 사람이야."

바로 이런 인식을 얻을 수 있도록 끊임없이 연습해야 한다. 이는 우리가 인간관계를 맺는 방식이자 관계에 조화로움을 부여하는 방법이다. 우리는 모두 이어져 있다는 걸 알면 불화가 생길 여지가 없다.

• 더 강한 사람이 된다

높은 자아와 함께하면 전보다 훨씬 강해진다. 하지만 대부분 사람이 생각하는 그런 강함이 아니다. 간디가 말했던 것처럼 "힘은 육체적 능력에서 나오는 게 아니라 불굴의 의지에서 나온다." 우리는 불굴의 의지를 통해 힘을 낸다. 이 말은 우리의 존재를 몸과 관련짓는 일을 그만둔다는 뜻이다. 많은 사람이 몸으로 자신의 존재를 확인한다. 참을성이 없고 사랑과 관심을 적게 보이는 이유로 몸이 생각대로 움직이지 않는다는 핑계를 들곤 한다.

만일 신체의 역량에서 힘이 나오는 것이라면 신체 역량이 줄어들면 강한 사람이 아니라는 뜻이다. 그러나 힘은 신체 역량에서 나오는 게 아니다. 육신이 사라져도 힘은 사라지지 않는다. 우리를 찾아오는 모든 쾌락과 이기적인 욕망에 굴복하면 안 된다. 몸은 건강한 방법으

로 관리하라. 몸이 아닌 높은 자아를 통해 존재를 확인할 때 자유를
얻는다.

· 궁극적인 안정감을 얻는다

가령 나무는 땅에 풀로 붙여놓은 거라는 이야기를 믿었다고 하자.
그런데 어느 날 전문가가 나타나서 그건 거짓이라고 말한다. 나무 아
래에 뿌리가 있다는 것이다. 전문가의 도움으로 나무 아래의 땅을 파
본다. 아니나 다를까, 거기서 진실을 마주한다.

안정감을 찾는 과정도 흙 표면 아래의 뿌리를 발견하는 일과 같다.
우리의 내면에 있는지도 몰랐던 부분, 몸과 아주 밀접한 곳에 있는
그 부분을 발견하면 전에 경험하지 못한 안정감을 누린다.

· 어떤 문제든 마음속으로 해결할 수 있다

이는 아주 강력한 통찰로 우리를 자유롭게 해주기도 한다. 일이 잘
진행되지 않거나 갈등이 생겼을 때, 누군가 나를 도발하거나 반박할
때 현실에 나타난 문제지만 우리는 생각 속에서 풀어야 할 문제라는
걸 안다. 몸은 우리가 일을 처리하기로 선택한 방법을 향해 반응한
다. 스트레스와 불안, 긴장, 두려움, 아픔을 유발하는 건 자신의 반응
이라는 점을 알아야 한다. 이렇게 말하도록 하자. '내 고통이나 어려
움이 사라지기 위해 누군가가 바뀔 필요는 없어. 에고는 내가 행복하

다고 느끼려면 다른 사람이 바뀌어야 한다고 말하지만 결국 모든 건 내가 만사를 처리하는 방식에 달려 있어.'

당신은 만사를 낮은 자아, 즉 에고에 맡겨 처리하는가? 그러면 다른 사람이 나와 다른 방식으로 일을 처리하면 기분이 나쁘다. 아니면 높은 자아가 만사를 처리하는가? 높은 자아는 우리가 평온하게, 소란스럽지 않게 지내며 사랑을 경험하기를 바란다.

높은 자아는 지식 체계로서 우리도 그 일부다. 높은 자아의 지식은 모두에게 흐른다. 보이지 않고 잡을 수 없으며 감각의 영향을 받지 않지만 높은 자아가 자신이라는 걸 그냥 알 수 있다. 겉모습은 내가 아니다. 우리는 내 존재의 무게를 잴 수 없다. 존재에는 어떤 형태도, 물질도, 경계도, 감각을 초월한 차원도 없다. 존재는 물질세계를 넘어 형이상학의 세계에 속한다.

이제 우리는 항상 바뀌고 변화하는 게 아니라 변함없이 영원한 존재라는 걸 아는 수준에 도달했다. 우리는 우리의 바람을 이루기 위해 나서야 한다. 그 마음을 억누르지 않을 것이다. 우리는 자유로워질 것이다.

깨우친 삶을 살면 평온함과 더없는 기쁨의 감각, 소란스러움이 없는 상태를 경험한다. 모든 건 사랑이다. 이런 사랑을 경험하면 항상 멋진 일들이 일어난다.

완전히 깨어 있는 삶을 위한 여덟 가지 방법

———✧———

마지막으로 완전히 깨어 있고 높은 자아에 따르는 삶을 위한 여덟 가지 구체적인 방법을 소개하고 싶다. 이 방법을 매일 연습하면 좋을 것이다.

1. 이웃의 행복을 추구하라

사소하게라도 사람들을 도우려 노력하라. 그리고 사람들을 도운 일을 인정받으려 하거나 다른 사람에게 말하지 마라. 자신을 내려놓고 스스로 물어보자. '내가 살면서 누군가를 도운 적이 몇 번이나 있었을까?' 다른 사람을 생각할 때 내면의 신성함을 느낄 수 있다는 걸 기억하자.

아무런 보답도 바라지 않고 할 수 있는 긍정적이고 사랑스러운 일을 떠올려보라. 일단 오늘 연습해보자. 슈퍼마켓 계산대 줄에서 다른 사람에게 차례를 양보하는 일이라도 좋다. 오늘 하루 만나는 사람에게 미소 짓는 일이어도 좋다. 도움이 필요한 사람에게 약간의 돈을 기부하는 일도 좋다. 함께 살아가는 사람들에게 뭔가를 베풀면 주는 사람도, 받는 사람도 기쁨을 느낀다.

나는 다음 문구를 매일 읽는다. "나를 위한 행복을 찾으면 행복은 항상 빠져나간다. 다른 사람을 위한 행복을 찾으면 자신의 행복이 찾아올 것이다." 행복을 얻는 비결은 나를 위한 행복이 아니라 다른 사람을 위한 행복을 찾는 데 있다는 걸 기억하자.

2. 원하는 것을 마음속에 그려라

당신이 원하는 건 완벽한 직업을 갖거나 영혼의 단짝을 찾거나 최고로 건강한 몸을 갖는 것일 수 있다. 그게 무슨 일이든 그림으로 그리고 에너지를 집중하라. 그런 다음 그림을 마음에 담은 채 자주 사랑을 베풀어라. 그림을 마음에 품고 있으면 사소한 일은 저절로 처리된다. 그림 주변으로 사랑을 베풀고 그림을 의심하면 안 된다는 것만 마음에 새겨라.

마음을 단련하는 일이 중요함을 알고 마음속 그림을 실현하기 위해 무엇이든 기꺼이 하겠다는 의지를 지녀야 한다. 지금 당장 원하는 일이 모습을 드러내지는 않겠지만 마음속에 그림을 계속 품으면 조만간 그 그림이 아주 놀라운 방식으로 우리의 삶에 나타나는 모습을 볼 것이다.

3. 내면의 높은 자아와 대화하라

신과 대화를 나눌 때는 도움을 요청하기보다는 해결책을 만들기 위해 할 수 있는 모든 걸 하겠다는 의지를 확인한다. 성취를 이룰 수 있는 내면의 힘을 구하고, 필요한 일이라면 기꺼이 하라.

높은 자아와 이렇게 새로운 관계를 만들다 보면 자신의 내면에 힘이 샘솟는 걸 느낀다. 우리가 주의를 집중하는 곳이 바로 내면이기 때문이다. 주의를 집중하는 곳이 우리가 뭔가를 만들어내는 장소라는 걸 기억하라.

4. 미워해야 할 사람은 없음을 기억하라

세상에 적이 있다는 생각은 전부 에고가 우리에게 심어놓은 것이다. 우리에게는 예전부터 세대를 걸쳐 이어 내려오는 적대감, 증오심, 분노의 감정이 있다. 새로운 영혼이 태어날 때마다 "이 사람이 바로 네가 미워해야 할 사람이야."라고 가르친다.

이 세상에 선택권이 있는 사람은 없다는 걸 기억하라. 우리는 모두 함께다. 어떤 식으로든 다른 사람보다 특별한 사람이 있다는 생각은 에고의 이야기일 뿐이다. 나는 남들과 다르고 특별하다는 생각은 전부 그렇다. 그 점을 알고 나면 이제 에고의 힘이 빠진다. 세상에 적이 없다는 사실을 받아들임으로써 에고를 길들인 것이다.

지난 수년간 강연을 하면서 나는 종종 이런 질문을 했다. "러시아 인구는 몇 명일까요?" 그러면 몇 명이라는 답이 돌아왔고 나는 다시 물었다. "러시아 사람 중에 여러분이 싫어하는 사람이 한 명이라도 있을까요? 아니면 러시아에 정말 싫어하는 사람이 있는 분이 있나요? 러시아에 너무 미운 할머니나 어린이가 있나요?" 손 드는 사람은 단 한 명도 없었다. 그런데 냉전 기간 중에 우리는 아무도 미워하지 않는 러시아 사람들을 죽이는 데 사용할 무기를 만드느라 수십억 달러를 썼다.

문제는 그들을 미워해서가 아니다. 충분히 사랑하는 법을 배우지 못했던 게 문제다. 서로 충분히 사랑하는 법을 배우고 적이라는 개념을 완전히 초월하면 전 세계에 평화가 찾아올 것이다. 지구 반대편에 사는 사람들을 위해서만이 아니라 이웃 사람과 직장 동료, 가족을 위해서도 그렇게 할 수 있다. 증오가 아니라 사랑을 보낼 때 내면의 에너지가 솟아나고 정신적 인식이 높아진다.

5. 몸을 맡기고 나를 내려놓아라

몸을 맡기는 일은 순식간에 일어난다. "왜 나야? 왜 나한테 이런 일이 생기는 거지?"라는 질문을 더는 하지 않는 것이다. 몸을 맡긴다는 건 그냥 나를 내려놓는 일이다.

몸을 맡겨야 할 때 나는 이렇게 말한다. '내겐 목적이 있어. 내가 여기 있는 건 오직 다른 사람을 위하기 위해서야.' 그러고 나면 나는 혼자가 아니다. 몸을 맡기고 내려놓는 법을 배우면, 자신이 혼자가 아니라는 걸 깨달으면 에고를 쫓아낼 수 있다. 모든 일이 바람대로 이뤄지고 높은 자아에 따르는 삶을 살게 된다. 그건 더없이 기쁜 일이다.

6. 매일 침묵하는 시간을 가져라

명상, 기도, 성가 부르기 등 그 시간을 어떻게 불러도 좋다. 다만 조용히 앉아 신의 소리를 듣는 시간을 매일 가져라. 침묵하는 동안 무엇을 하는지가 중요한 게 아니다. 침묵을 통해 무엇을 가져올 수 있는지가 중요하다.

진짜 거슬리는 문제가 있거나 어려움을 겪는 일이 있다면 하루 20~30분 생각을 비우는 시간을 갖는다. 침묵의 시간을 통해 그토록 힘들었던 일을 해결할 방법을 구하라.

침묵의 순간은 자신에게 주는 최고의 선물이다. 정말 좋아하는 사람에게 선물을 주듯 자신에게 침묵의 순간을 건네자. 그 선물을 통해 높은 인식에 닿을 수 있다. 내가 제안하는 내용 중에서도 가장 중요한 것이다.

7. 짐을 가볍게 하라

사용하지 않는 물건을 전부 다른 사람에게 나눠 주어라. 소유하고 있는 거라면 사실상 뭐든 나눌 수 있다. 기부도 하고 자신의 짐도 가볍게 할 수 있다. 짐을 약간 가볍게 하는 것뿐이다. 그런 짐을 다 가져야 한다고 생각하지 말자. 필요하다고 생각하는 물건은 그게 무엇이든 우리를 소유하려 한다. 많은 물건이 우리를 소유하면 깨우침을 얻을 수 없다.

8. 기쁜 일에 관심을 두어라

생각하는 대로 일이 진행된다는 걸 떠올려보자. 우리에게 기쁨을 주고 영감을 주는 곳에 생각 에너지를 모은다. 그리고 여기에 맞지 않는 생각이 들 때마다 아주 부드럽게 생각을 물리치며 이렇게 말하자. "다음 생각으로 넘어가자." 그런 생각은 넘기고 더 높은 생각에 주의를 집중한다.

텔레비전을 켜고 온갖 고통스러운 뉴스를 들으며 맥빠지는 일을 찾는 대신 잔잔한 음악을 틀어라. 부정적인 기운으로 주의를 흐트러뜨리는 습관을 버리려고 노력하자. 오늘날의 언론이 우리에게 전하는 게 이런 부정적인 기운이다. 주위에 긍정적인 기운이 감돌게 하라. 기분 좋아지는 음악이나 오디오북을 틀어도 좋고 힘을 주는 생각에 집중하는 것도 좋다. 그러면 매일의 일상에서 인식이 높아지는 걸 느낄 수 있다.

깨어남의 과정을 거치는 동안 지금까지 살고 있던 '꿈'을 돌아보았을까? 에고는 아마 그건 그것이고 이건 이것이라며 우리가 진짜 변할 수는 없다고 설득하려 할 것이다. 그런 에고의 말을 들으면 그동안 인류 역사에서 나타난 기적들은 결코 사라지지 않았음을 기억하자. 인류가 만든 기적은 여전히 책에 실려 있고, 이 기적을 만든 힘은 우리 곁에 있다.

또한 에고는 우리가 물질세계에 속한 존재라고 주장한다. 여기가 우리가 있을 곳이라고, 여기가 우리 집이라고 속삭인다. 하지만 높은 자아에게는 물질세계가 그냥 일시적으로 거치는 정거장일 뿐이다. 우리의 진짜 존재는 영원하고 형체가 없으며 변하지 않고 물질세계에 가둘 수 없다. 하지만 우리는 이 세상에서 천국을 누릴 수 있다. 그건 전부 높은 자아가 베푸는 호의다.

우리는 여기에 있지만
각자 더 높은 곳에 닿을 수 있다.

_웨인 다이어